Martin Betschart

Ich weiß, wie du tickst

Martin Betschart

Ich weiß, wie du tickst

Wie man Menschen durchschaut

orell füssli Verlag AG

3. Auflage 2011

Konzeption und Redaktion: Dr. Sonja Klug, www.buchbetreuung-klug.com
Umschlagabbildung: Christian Doppler
Umschlaggestaltung: Andreas Zollinger, Zürich
Druck: fgb • freiburger graphische betriebe, Freiburg

ISBN: 978-3-280-05410-9

Bibliografische Information der Deutschen Nationalbibliothek:
Die Deutsche Nationalbibliothek verzeichnet diese Publikation in der Deutschen Nationalbibliografie; detaillierte bibliografische Daten sind im Internet über http://dnb.d-nb.de abrufbar.

Inhaltsverzeichnis

Vorwort von Dr. Stefan Frädrich

Die Gefängnistore schlossen sich. Ein muskelbepackter Wärter mit Oberlippenbart führte mich mit finsterer Miene in den kargen Besucherraum. Gleich würde er auch meinen ersten Interviewpartner holen: Bewaffneter Raubüberfall, zuvor wegen schwerer Körperverletzung verknackt. Au weia. Vielleicht schaffte ich heute vor der Mittagspause auch noch den Steuerhinterzieher. Am Nachmittag standen ein Vergewaltiger und ein Drogendealer auf dem Programm. Morgen hingegen würde es noch spannender werden: Da hatte ich einen Termin mit einem echten Mörder.

Zugegeben, meine erste professionelle Begegnung mit dem Thema «Menschenkenntnis» war schräg. Im Rahmen meiner Doktorarbeit wollte ich erfahren, wie viel Prozent der Straftäter im Gefängnis eine Persönlichkeitsstörung hatten und welche. Sollte Straffälligkeit weniger mit «gut» und «böse» zu tun haben als vielmehr mit extremen Spielarten menschlichen Wesens? Keine Frage: Meine etwa 120 diagnostischen Interviews hinter Gittern gehören mit zu den spannendsten Erfahrungen meines Lebens. Andererseits aber verschafften sie mir eine unerwartete Selbsterfahrung. Was glauben Sie wohl, was man im Alltag wahrnimmt, wenn man sich von morgens bis abends mit Persönlichkeitsstörungen beschäftigt? Richtig: Persönlichkeitsstörungen. Überall! Der Bäcker, die Nachbarin, der Mann am Bankschalter, die Uni-Professorin – alle waren sie plötzlich nicht mehr ganz normal. Und ich irgendwie auch nicht ...

Heute weiß ich: Was ich mit dem etwas arroganten Selbstverständnis eines Studierten für Menschenkenntnis hielt, war kaum mehr als das Anlegen einer einzigen Wahrnehmungsschablone, die für einen ganz anderen Zweck gedacht war. Ich hatte einen Hammer und hielt nun alles für einen Nagel. Dass meine Diagnoseschubladen für das meiste außerhalb der Welt der Persönlichkeitspathologie eher ungeeignet waren, ja dass sie mit Menschenkenntnis nur sehr wenig zu tun hatten, schnallte ich noch nicht.

Warum erzähle ich das? Damals hätte ich ein Buch wie dieses, das Sie jetzt in den Händen halten, gut gebrauchen können. Ein Buch, das mir die Verschiedenheit von Menschen anschaulich erläutert, ohne sie starr in Schubladen zu stecken. Ein Buch, dessen Ansatz nicht die akademische Herleitung mit ellenlangen Fragebögen und diagnostischen Interviews ist, sondern das mir alltagstauglich hilft, den Bäcker, die Nachbarin, den Mann am Bankschalter und die Uni-Professorin besser einzuschätzen, so dass ich verstehe, wie sie ticken. So dass ich mich für sie öffnen kann, anstatt mich ihnen zu verschließen. So dass wir einander verstehen. Ich hätte ein Buch brauchen können, das mir Menschenkenntnis statt Persönlichkeitspathologie beibringt. Was treibt den einen an, was den anderen? Im Job, im Privatleben? An welchen Zeichen merke ich das? Was bin ich selbst für einer? Was bedeutet das in der Interaktion mit anderen? Wie kann ich Menschenkenntnis für alle gewinnbringend anwenden? Wie und wo hilft sie uns, einander näher zu kommen und besser zu leben?

Kurz: Ich hätte Martin Betschart damals als Coach gebrauchen können! Denn Martin ist nicht nur ein grandioser Erfolgstrainer, sondern auch ein echter Menschenversteher. Er hat genau die Menschenkenntnis, die es braucht, um mit sich selbst und anderen glücklich und produktiv zu leben. Dabei versteht es Martin auch in diesem Buch (wie immer) wunderbar, mit klarer Sprache und anschaulichen Modellen sofort umsetzbare Orientierung und Tipps zu geben. Er definiert die Diagnoseschubladen so, dass wir sie als Leser (als Coachees) sehen, verstehen, sie sofort praktisch anwenden können – und dennoch unseren offenen Blick für den individuellen Menschen bewahren. Er beherrscht und vermittelt genau das, was unser geschätzter Freund und Kollege, der Persönlichkeitstrainer Boris Grundl, so ausdrückt: «Die Kunst besteht darin, Schubladen zu benutzen und sie dennoch offen zu lassen.»

Ich wünsche Ihnen viel Spaß und Erfolg mit einem tollen Buch, einen scharfen «diagnostischen» Blick für sich und Ihre Mitmenschen – und klar definierte, aber stets offene Schubladen!

Ihr
Dr. Stefan Frädrich

1. Das menschliche Ticken – Einführung

Der neue Kollege kommt nur selten zu den gemeinsamen Teambesprechungen und arbeitet meist hinter verschlossener Tür. Theo Köster ist darüber verärgert, denn wichtige Entscheidungen im Projekt kann er mit ihm so gut wie nie gemeinsam und in Anwesenheit des Teams besprechen. Die verschlossene Bürotür empfindet er als Zurückweisung, und wenn es ausnahmsweise doch mal zu einem Gespräch zwischen den beiden kommt, dann ist der neue Kollege meist «kurz angebunden». Sabine Haber, die in derselben Firma arbeitet und am selben Projekt teilnimmt, kommt mit dem neuen Kollegen hingegen prima zurecht. Dass dieser bei den Meetings oft nicht anwesend ist, macht ihr nichts aus, denn sie hat andere Möglichkeiten gefunden, ihn einzubeziehen. Meist stürmt sie voller Elan und mit guten Ideen sein Büro und erhält nach einem kurzen Gespräch fast immer auch seine Zustimmung. Besonders schätzt sie, dass der Neue sofort weiß, wie sich ihre Ideen Schritt für Schritt in die Praxis umsetzen lassen, was sie ermutigt, gleich loszulegen. Theo Köster hat die beiden schon oft zusammen beobachtet und ist frustriert: «Aus dem neuen Kollegen werde ich nicht schlau. Wieso kommt Sabine mit ihm so gut klar, während ich bei ihm kein Bein auf die Erde bekomme? Ticke ich irgendwie nicht richtig – oder tickt der Neue nicht richtig?», fragt er sich.

Wenn Heike Pfeifer Feierabend hat, dann ist erst mal «Action» angesagt. Nach einem telefonischen Rundruf bei den Freundinnen wird gemeinsam beschlossen, wo es am Abend hingeht, ob ein Kinofilm, das neue Szene-Restaurant, die Kneipe um die Ecke oder das Rock-Festival angesagt ist – und schon geht es los! Ihr Partner Rolf Schorn bleibt dann meistens alleine zu Hause. Er ist enttäuscht, denn bevor er mit Heike zusammenzog, hatte er sich das Zusammenleben mit seiner Freundin anders vorgestellt. Die Abende möchte er lieber mit ihr gemütlich zu Hause vor dem Kamin verbringen, denn auf Party-Stimmung hat er nach der Arbeit keine Lust mehr. «Was habe ich mir da bloß für einen Pantoffelhelden angelacht! Tickt der nicht richtig?», fragt sich Heike manchmal, die mit der Beziehung auch nicht zufrieden ist, weil sie ständig ohne ihren Partner unterwegs ist. Wenn es dann zwischendurch mal Krach gibt, weil sich beide vom Partner nicht verstanden fühlen, fragen sich Heike und Rolf jedes Mal, ob sie eigentlich überhaupt zusammenpassen oder ob eine Trennung besser wäre.

Ärger, Frust und Stress mit den lieben Mitmenschen – die gehören sozusagen zu den «ganz normalen Unfällen» im Alltag. Bestimmt haben Sie selbst etliche solcher «Pannen» in Erinnerung, und vielleicht haben Sie sogar nach diesem Buch gegriffen, weil Sie sich in manchen Situationen fragen: «Wie muss ich eigentlich XY (meinen Partner, mein Kind, meinen Chef, meinen Mitarbeiter ...) behandeln, damit er oder sie das tut, was ich möchte – damit das geschieht, was ich mir wünsche?» Diese Frage stellen mir auch meine Seminarteilnehmer immer wieder. Die Antwort lautet: Ja, es ist möglich, auch im Umgang mit «schwierigen» Mitmenschen das zu bekommen, was Sie möchten.

Was uns daran hindert, ist, dass wir meist schon von völlig falschen Voraussetzungen ausgehen. Oft haben wir bestimmte Erwartungen, die der andere erfüllen soll. Wir verbringen gerne viel Zeit damit, unsere Mitmenschen ändern zu wollen: Wir erteilen Ratschläge, um die der andere nicht gebeten hat, die er nicht hören will und die er – natürlich – auch nicht beherzigt. Wir verwenden gerne auch viel Energie darauf, Recht haben zu wollen mit dem, was wir behaupten oder vom anderen verlangen. Das läuft im Grunde auf die Aussage hinaus: «Es gibt zwei Meinungen – meine und die falsche.» Oder: «Ich bin in Ordnung, mein Gegenüber (mein Partner, mein Kind, mein Kollege usw.) ist es aber nicht.» Unser Wunschdenken geht in die Richtung: «Ach, wäre der andere doch genauso wie ich selbst, dann wäre alles viel einfacher!» Vielleicht wäre es tatsächlich einfacher – wer weiß –, mit Sicherheit wäre das Leben aber auch eintöniger, langweiliger und reizloser. Stellen Sie sich nur einmal vor, die sieben Milliarden Menschen auf unserem Planeten liefen als Klone herum und glichen sich in ihrem Verhalten wie ein Ei dem anderen! In einer so monotonen Welt möchte niemand leben, Sie gewiss auch nicht.

Eine dieser Lebensweisheiten, die wir alle gelernt haben, lautet: «Behandle den anderen so, wie *du selbst* behandelt werden möchtest.» Das funktioniert jedoch nicht. Diese «Lebensweisheit» entpuppt sich bei näherer Betrachtung als Lebens*dummheit*. Richtig wäre nämlich: «Behandle den anderen so, wie *er* behandelt werden möchte.» Dazu stellen wir uns vor, dass wir das menschliche Verhalten näherungsweise auf zwei Achsen einordnen können: Die eine Achse steht für die beiden Pole extravertiert und introvertiert, die andere für die Pole Menschenorientierung versus Zahlen-, Daten- und Faktenorientierung. Nehmen wir folgenden Fall an: Ein extravertierter Mensch, der auf andere geradewegs zugeht, behan-

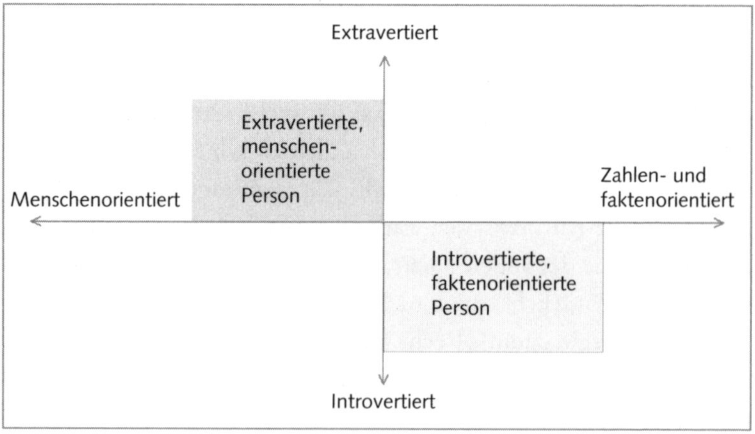

delt einen anderen genauso, wie er selbst behandelt werden möchte, nämlich offen und kommunikativ. Der Gesprächspartner ist jedoch in unserem Beispiel introvertiert und eher faktenorientiert. Darum versteht er gar nicht, was der andere von ihm möchte, denn er tickt ganz anders. Er kann mit den Argumenten und der Vorgehensweise des anderen nichts anfangen und versteht ihn gar nicht. Beide reden aneinander vorbei; schlimmstenfalls kommt es zu Missverständnissen.

Um mit unserem Gegenüber so umzugehen, wie er das möchte, müssen wir zuerst einmal wissen, was ihm überhaupt wichtig ist. Was motiviert ihn, was treibt ihn an, was sind seine Wünsche und Vorstellungen? Mit anderen Worten: Herauszufinden, wie der andere tickt, ist eine Frage der *Menschenkenntnis.*

Menschenkenntnis ist die Fähigkeit, das Verhalten oder die Persönlichkeit eines Menschen richtig einzuschätzen, zu erkennen und zu beurteilen, und vorherzusehen, wie er denken und handeln wird. Anders ausgedrückt: Menschenkenntnis heißt, die Verhaltensweisen des anderen zutreffend zu erkennen und sich darauf einzustellen.

Entscheidende Faktoren für diese Fähigkeit sind Lebenserfahrung, Intuition, Intelligenz und Weisheit. Menschenkenntnis ist nicht angeboren, sondern sie wird durch den Umgang mit vielen Menschen erworben. Ihnen ist sicher das Gefühl vertraut, dass ein Mensch, den Sie kennenlernen, Sie an «jemand anderen» erinnert. Und je nachdem, ob Sie mit der Person früher gute oder schlechte Erfahrungen gemacht haben, bewerten Sie auch Ihr neues Gegenüber und versuchen, den Menschen entsprechend zu behandeln. Unsere Menschenkenntnis besteht meist aus «unsystematischen Beobachtungen», die wir in manchen Alltagssituationen eher «zufällig» gemacht haben – und die darum auch falsch sein können. Spätestens wenn der andere dann doch nicht so reagiert, wie wir es uns wünschen oder erwartet haben, wissen wir, dass wir mit unserer Einschätzung daneben liegen, dass uns unsere Menschenkenntnis getäuscht hat.

Das ist auch insoweit nicht erstaunlich, als Menschenkenntnis nirgendwo gelehrt wird. In der Schule, während der Ausbildung und im Beruf wird einseitig nur auf den Erwerb von Sachwissen Wert gelegt. Führungspositionen zum Beispiel werden fast ausschließlich aufgrund fachlicher Qualifikationen vergeben. Der Sachverstand wird einseitig über den Menschenverstand gesetzt, dementsprechend gibt es bei uns viele «Sachverständige», aber nur wenige «Menschenverständige». Tatsächlich ist es jedoch so, dass der Erfolg eines Menschen nur zu etwa 15 Prozent vom Sachverstand abhängt, zu 85 Prozent jedoch von der Persönlichkeit. Und Merkmal einer entwickelten Persönlichkeit ist es immer, dass sie gut mit anderen Menschen umgehen kann, also Menschenkenntnis besitzt und anwendet.

> «In einer Welt voller Menschen ist Menschenkenntnis der Schlüssel zum Erfolg – und zum Lebensglück.» (Stöger/Jäger, S. 12)

Vom ersten Eindruck zur professionellen Menschenkenntnis

Wir können verschiedene Grade von Menschenkenntnis unterscheiden – je nachdem, wie tief bzw. zutreffend unsere Einschätzung von Menschen ist. Die *Menschenkenntnis des ersten Eindrucks* ist diejenige, die es uns erlaubt, andere auf Anhieb einzuschätzen. In dieser Hinsicht verfügen wir alle über eine gute Portion Menschenkenntnis, denn sonst kämen wir im täglichen Zusammenleben mit anderen überhaupt nicht zurecht.

Dennoch kann der erste Eindruck auch falsch sein, wie eine wissenschaftliche Studie ermittelt hat: Versuchspersonen waren bereits nach 250 Millisekunden in der Lage, jemanden als autoritär, gefühlsbetont, sympathisch, hinterhältig, intelligent oder langweilig einzustufen. Schon die schemenhafte Wahrnehmung fremder Gesichtszüge reichte aus, um die Charaktereigenschaften des Wahrgenommenen zu bewerten. Beinahe überflüssig zu erwähnen, dass mehr als genug Vorurteile und Fehleinschätzungen in solchen Bewertungen stecken! Schlimmer noch: Die Versuchspersonen waren nicht in der Lage, das einmal gefällte Urteil bei einer gründlicheren Betrachtung der Gesichter zu revidieren oder infrage zu stellen. Allzu oft läuft die ungeschulte Menschenkenntnis auf die Methode «Versuch und Irrtum» hinaus und mündet dann im Ergebnis in ein «Schubladendenken», das nicht wirklich hilft, andere zu durchschauen oder zu verstehen, ja sogar in die Irre führt. Schlimmstenfalls ist die Beziehung kaputt, bevor man herausgefunden hat, wie der andere denn nun tatsächlich tickt. Wir tun also gut daran, uns nicht auf den ersten Eindruck zu verlassen, sondern genauer hinzusehen.

Professionelle Menschenkenntnis beginnt in dem Augenblick, in dem wir uns von vorgefassten Meinungen und Vorurteilen über andere Menschen verabschieden, bewusst den Autopiloten abschalten, wenn wir jemandem begegnen, und damit aufhören, ihn nach unserem «Lieblingsrezept» zu behandeln.

Um eine *professionelle Menschenkenntnis* zu entwickeln, brauchen wir dreierlei:

- Einfühlungsvermögen oder Empathie: ein Gespür dafür, wie unser Gegenüber tickt,
- die Fähigkeit, uns in die Perspektive des anderen hineinzuversetzen und die Welt mit seinen Augen zu sehen. Schlechte Menschenkenner missachten die Bedürfnisse oder Beweggründe anderer, weil sie wie selbstverständlich davon ausgehen, dass alle anderen genauso empfinden, denken und handeln müssten wie sie selbst. Dementsprechend fällt es ihnen schwer, andere zu überzeugen oder zu motivieren.

- Ein Modell, das uns hilft, uns in der unüberschaubaren Menge an möglichen Eigenarten anderer zuverlässig zu orientieren. Ein solches Modell lernen Sie in diesem Buch kennen.

Vielleicht denken Sie jetzt: Ein Modell muss zwangsläufig darauf hinauslaufen, dass Menschen in «Schubladen» gesteckt werden, aus denen sie nicht mehr herauskommen. Das ist jedoch aus zwei Gründen nicht der Fall. Zum einen sind «Schubladen» eher die Vorurteile einer unsystematischen, ungeschulten Menschenkenntnis, die wir gerade vermeiden wollen. Zum anderen ist das in diesem Buch vorgestellte Modell *wertfrei.* Es nimmt keine positiven oder negativen Bewertungen einer Person oder ihrer Charaktereigenschaften vor, sondern bleibt ganz neutral. Tatsache ist: Jeder der sieben Milliarden Menschen auf der Erde ist anders, und doch gibt es erstaunliche Ähnlichkeiten und Übereinstimmungen im Verhalten und im Aussehen, die man mit ein wenig Übung wiedererkennen kann und die es erlauben, den anderen richtig anzusprechen.

So wurden Menschen früher klassifiziert

Schon seit Jahrtausenden bemüht sich die Menschheit um Menschenkenntnis, indem sie Modelle entwickelt, um die einzelnen Individuen zu charakterisieren und nach gewissen Eigenschaften und Körpermerkmalen oder anderen Gemeinsamkeiten einzustufen. Im antiken Griechenland klassifizierte Hippokrates Menschen anhand von vier Temperamenten, indem er zwischen *Cholerikern, Melancholikern, Phlegmatikern* und *Sanguinikern* unterschied. Die Bedeutung dieser Begriffe hat sich im Laufe der Zeit gewandelt, zum Teil sogar ins negativ Wertende verschoben. So verstehen wir heute unter einem Choleriker einen unbeherrschten, aufbrausenden Menschen, während Hippokrates damit einen extravertierten, optimistischen und ordnungsliebenden Menschen verstand – im modernen Wortsinn einen «Macher», der zupackt, ohne lange zu zögern.

Johann Heinrich Pestalozzi, Mitbegründer der Pädagogik, unterschied Ende des 18. Jahrhunderts bauch-, hand- und kopfgeprägte Typen – eine Unterscheidung, die sich teilweise bis ins heutige Schul- und Berufssystem erhalten hat. Hand-Typen besuchen die Realschule und erlernen praktische Berufe, Kopftypen besuchen das Gymnasium und ergreifen Berufe, die Nachdenken und gedankliche Lösungen erfordern – so jedenfalls war es theoretisch gedacht und wurde oft auch praktiziert. Auch dieses Modell ist inzwischen mit vielen überflüssigen Bewertungen befrachtet, weil die «Kopfarbeit» leider noch immer höher als die «Handarbeit» bewertet wird, obwohl der Kopf allein ohne Hand nichts auszurichten vermag, was umgekehrt natürlich genauso gilt.

Wirft man einen Blick in andere Kulturen, so entdeckt man, dass auch dort zahlreiche Typologien entwickelt wurden, die manchmal sogar religiös motiviert waren. Bekannt geworden ist in den letzten zwei Jahrzehnten im Bereich des Gesundheitswesens die ungefähr 5000 Jahre alte indische Typenlehre des Ayurveda, die zwischen Vata-, Pitta- und Kapha-Typen unterscheidet. Die Typen beziehen sich auf bestimmte Körper- und Stoffwechselmerkmale, die auch in das Verhalten hineinspielen. Der Pitta-Typ zum Beispiel verkörpert das Prinzip des Feuers, hat einen Stoffwechsel, der Nahrung schnell verdaut, und ist von seinem Temperament her zupackend und eher feurig. Der Kapha-Typ hingegen verkörpert das Prinzip des Wassers, hat einen langsamen Stoffwechsel, neigt zur Verschleimung und ist von seiner Mentalität her träge. Aufgrund des jeweiligen Typs besteht die Neigung zu gewissen Ungleichgewichten und Krankheiten, die durch spezielle Ayurveda-Kuren geheilt werden können. Die grundlegenden Verhaltensweisen der Typen bleiben dabei gleich, können jedoch durch eine Kur in ein harmonischeres Gleichgewicht gebracht werden, das sich neben einer verbesserten körperlichen Gesundheit auch in einer besseren emotionalen Balance ausdrückt.

In der ersten Hälfte des 20. Jahrhunderts brachte Sigmund Freud mit seinem psychoanalytischen Ansatz neue Abgrenzungen und Impulse; ihm folgten Alfred Adler, der sogar ein Buch über Menschenkenntnis veröffentlichte, und Carl Gustav Jung. Von Letzterem stammt die bekannte Unterteilung menschlicher Eigenschaften auf zwei Achsen: Auf der Querachse wird zwischen Sachorientierung und Menschenorientierung unterschieden, auf der Längsachse zwischen Extraversion (Ausrichtung nach außen) und Introversion (Ausrichtung nach innen). Daraus ergibt sich – je nach Zuordnung zu einem der vier Felder – eine Einteilung in vier Menschentypen (vgl. Abb. S. 12).

Seit den 1950er-Jahren sind in der Wissenschaft, insbesondere in der Psychologie, neue Modelle zur Einordnung von Menschen entstanden, die sich nicht nur auf wenige Typen beschränken, sondern versuchen, die Persönlichkeit des Menschen anhand von Tests mit statistischem Hintergrund hochdifferenziert mit einer Vielzahl von unterscheidenden Merkmalen zu erfassen. Da gibt es zum Beispiel den Myers-Briggs-Typenindikator (MBTI), das Herrmann Brain Dominance Instrument (HBDI), das DISG-Persönlichkeitsprofil, das Enneagrammn, das INSIGHTS MDI und die Biostruktur-Analyse.

Der Vorteil dieser wissenschaftlichen Modelle besteht darin, dass sie im Unterschied zu den kulturgeschichtlich älteren keine Wertungen enthalten und wissenschaftlich aufgrund der Einbeziehung großer Datenmengen sehr genau sind, teilweise sogar stetig aktualisiert und verbessert werden. Ihr Nachteil liegt jedoch darin, dass es ihnen an Alltagstauglichkeit mangelt. Denn aufgrund ihres hohen Differenzierungsgrades erfordern sie aufwendige schriftliche Analysen. Man kann jedoch nicht jeden Menschen, den man kennenlernt, zuerst einmal bitten, einen 10- bis 20-seitigen Fragebogen zu seinen Vorlieben, Fähigkeiten und Gewohnheiten auszufüllen, bevor man mit ihm in Kontakt tritt. Der ausgefüllte Fragebogen müsste zudem an spezielle Institute eingeschickt und von Fachleuten, oft unter Einsatz spezieller Software, statistisch korrekt ausgewertet werden, um zuverlässige «Daten» über die Person zu liefern.

Solche Fragebogenverfahren mögen für die Einstellung neuer Mitarbeiter geeignet sein, wenn es darum geht herauszufinden, ob ein Bewerber von seinem Profil her auf eine ausgeschriebene Stelle passt. Fehlentscheidungen bei der Einstellung neuer Mitarbeiter können ein Unternehmen schließlich fünf- bis sechsstellige Summen kosten, daher ist es verständlich, dass sich ein Arbeitgeber vorher ein genaues Bild über einen Kandidaten machen möchte. Im Alltag jedoch müssen wir anders vorgehen.

Menschenkenntnis im Alltag, wie wir sie hier anstreben, setzt ein praxistaugliches Instrument voraus, das nach der Devise verfährt: «lieber ungefähr richtig als haargenau falsch». Denn schließlich müssen wir in der Lage sein, unser Gegenüber *auf Anhieb* richtig einzuschätzen, um mit ihm angemessen umzugehen.

In den letzten 25 Jahren habe ich mich intensiv mit vielen Modellen der Menschenkenntnis beschäftigt, um ein praktikables Modell zu entwickeln. Es sollte nach dem Pareto-Prinzip funktionieren: mit nur 20 Prozent Aufwand eine Trefferquote von 80 Prozent in der Einschätzung von Menschen erreichen. Damit liegen wir im Alltag schon sehr gut. Wenn es uns gelingt, einen Menschen auf Anhieb zu etwa 80 Prozent richtig einzuschätzen und damit zu wissen, wie wir ihn optimal ansprechen, können wir bereits die meisten überflüssigen Missverständnisse und Konflikte vermeiden. Dies bedeutet einen enormen Gewinn an Lebensqualität und einen Zuwachs an Erfolg!

Mit dem Drei-Hirne-Modell, kurz DHM genannt, existiert ein praxistaugliches Instrument, das ich seit vielen Jahren mit Erfolg anwende und Ihnen in den folgenden Kapiteln vorstellen möchte. Das Drei-Hirne-Modell basiert auf dem «*Triune-Brain*-Konzept» («Konzept des dreieinigen Gehirns») des amerikanischen Forschers Paul MacLean. Es liefert einen wissenschaftlichen Ansatz zur Erklärung menschlichen Verhaltens und menschlicher Individualität. Dabei hat es den Vorteil, dass es auf einer Typologie von insgesamt nur sieben Typen basiert, nämlich drei Haupttypen und vier «Misch»-Typen. Eine Klassifizierung in sieben Typen ist im Alltag praktikabel, wie der Psychologe George A. Miller in seinem berühmten Aufsatz «Die magische Nr. 7» herausgefunden hat: Maximal sieben Unterscheidungen kann sich jeder problemlos merken und bei Bedarf abrufen. Stellen Sie sich vor, Sie müssten einen Menschen, der Ihnen zum ersten Male gegenübersteht, im Geiste nach 15 oder noch mehr Kriterien einordnen! Schnell wäre das Gedächtnis überfordert – ganz abgesehen davon, dass man vor lauter Überlegen, welchem Typ das Gegenüber denn nun zuzuordnen ist, gar nicht mehr dazu käme, eine vernünftige Unterhaltung zu führen.

Es wäre für die Menschheit sicher ein großer Gewinn, das Drei-Hirne-Modell über die Fachwelt hinaus zu verbreiten und es so vielen Menschen wie möglich zugänglich zu machen. MacLean schreibt in seinem Hauptwerk «The Triune Brain in Evolution»:

> «Es ist meine feste Überzeugung aus meinen Studien über das Gehirn, dass eine weite Verbreitung des Wissens über die grundsätzlichen Zusammenhänge zwischen Hirnfunktionen und Verhalten viel dazu beitragen würde, den Menschen zu helfen, mit sich selbst und damit zugleich mit der Gesellschaft zufriedener zu leben.»

Der Aufbau des Buches

Das Buch ist folgendermaßen aufgebaut: Im nächsten Kapitel haben Sie Gelegenheit, das DHM-Modell in seinen Grundzügen kennenzulernen. Sie lernen nicht nur Strategien zum Umgang mit den Typen kennen, sondern können auch herausfinden, welchen Typ Sie selbst verkörpern. Denn Selbsterkenntnis ist der erste Schritt zur Menschenkenntnis.

Im dritten Kapitel wird das DHM-Modell vertieft: Sie erfahren, wie sich die Typen in ganz verschiedenen Lebenssituationen verhalten und worin der Ursprung dieses Verhaltens liegt. Außerdem lernen Sie die insgesamt sieben Typen kennen und können Ihren eigenen Typ ermitteln.

Im vierten Kapitel wird das Drei-Hirne-Modell um ein weiteres ergänzt, das es Ihnen ermöglicht, die verschiedenen Typen auch nach ihrer äußeren Erscheinung, ihrem Körperbau, zu klassifizieren. Sie erfahren, wie Sie die Typen an ihrem Aussehen erkennen können, und haben Gelegenheit, Ihre Treffsicherheit anhand von Fotos ganz unterschiedlicher Menschen zu überprüfen.

Im fünften Kapitel wenden Sie Ihre frisch erworbene Menschenkenntnis in Beruf und Alltag an. Typische zwischenmenschliche Situationen aus dem privaten und beruflichen Alltag – Partnerschaft, Kindererziehung, Umgang mit Mitarbeitern und Chefs, Stellenbesetzungen und Verkaufsgespräche – stehen hier im Vordergrund.

Ganz wichtig ist es, im Umgang mit anderen Menschen «Loser-Programme» von der eigenen «Festplatte» im Gehirn zu löschen. Mit Verliererstrategien, die man sich im zwischenmenschlichen Umgang angewöhnt hat, macht man sich selbst und seinen Mitmenschen das Leben unnötig schwer und boykottiert seinen eigenen Erfolg. Im letzten Kapitel haben Sie daher Gelegenheit, «falsches Ticken» zu durchschauen und eigene Schwächen zu erkennen.

Großen Wert lege ich darauf, dass dieses Buch viele praktische Beispiele menschlichen Miteinanders in Beruf und Alltag enthält. Sie werden sich gewiss in der einen oder anderen «typischen» Situation mit Partner, Kind, Chef oder Kollege wiedererkennen – und Lösungen für eine gelungene Kommunikation finden, an die Sie bisher noch nicht gedacht haben.

Von der unbewussten Inkompetenz zur unbewussten Kompetenz

Mit ein wenig Übung, zu der Sie in diesem Buch reichlich Gelegenheit haben, erklimmen Sie dann leicht die vier Stufen der Kompetenz in Sachen Menschenkenntnis:

- Die erste Stufe, die *unbewusste Inkompetenz,* ist das Stadium, in dem man Menschen nach dem «ersten Eindruck» in eine «Schublade» steckt. Diese Stufe haben Sie längst verlassen, denn sonst hätten Sie dieses Buch nicht erworben.
- Auf der zweiten Stufe, der *bewussten Inkompetenz,* stehen wir, wenn wir gemerkt haben, dass wir mit unserem «ersten Eindruck» mindestens so oft falsch liegen wie richtig. Einsicht ist der erste Schritt in die Richtung einer besseren Menschenkenntnis.
- Die dritte Stufe, die *bewusste Kompetenz,* erlaubt es uns, bei Menschen genauer hinzusehen und sie richtig einzuschätzen. Das gelingt Ihnen mit Hilfe des DHM-Modells und seiner Anwendung spätestens bis zum vierten Kapitel.
- Die vierte Stufe, die *unbewusste Kompetenz,* hat erreicht, wer seine neu erworbene Menschenkenntnis so verinnerlicht hat, dass er ohne Überlegen oder Analysieren andere auf Anhieb einschätzt – jetzt aber im Unterschied zur ersten und zweiten Stufe zu etwa 80 Prozent *richtig.* Ziel ist es, diese Stufe zu erreichen, damit Sie in Zukunft ohne langes Nachdenken im Alltag wissen, wie Sie mit anderen Menschen richtig umgehen. Das können Sie schaffen, indem Sie nicht nur dieses Buch durcharbeiten, sondern gleichzeitig immer wieder Ausschau halten, wo sich Ihre neu erworbene Menschenkenntnis im Alltag anwenden lässt. Denn Übung macht den Meister! Durch tägliche Übung erhöhen Sie nicht nur Ihre Trefferquote bei der Einschätzung von Menschen, sondern verfeinern auch Ihre Fähigkeiten in der zwischenmenschlichen Kommunikation. Das bedeutet letztlich: Sie erreichen nicht nur leichter und müheloser

Ihre Ziele, sondern die Beziehungen zu Ihren Mitmenschen werden auch harmonischer. Übungsmaterial finden Sie außer in diesem Buch und im Alltag auch auf der Webseite *www.ichweisswieduticskt.com.*

Wie laut hören Sie es ticken? Ihre Menschenkenntnis

Bevor Sie das DHM-Modell kennenlernen, haben Sie jetzt erst einmal Gelegenheit, ganz unbefangen und ohne jegliche Modelle in einem Selbsttest Ihre momentane Menschenkenntnis zu überprüfen.

Selbsttest	Ja	Nein
1. Wurden Sie in Ihrem Leben schon von Menschen enttäuscht?		
2. Sagen Sie öfters: «Wie er/sie tickt, kann ich nicht verstehen»?		
3. Kommt es ab und zu vor, dass Sie Menschen über- oder unterfordern?		
4. Gibt es Menschen, deren Verhalten Sie nicht verstehen können?		
5. Haben Sie sich schon gefragt, wie es möglich sein kann, dass jemand echten Spaß an Steuererklärungen, Buchhaltung usw. haben kann?		
6. Ist es schon vorgekommen, dass Sie sagten: «Das hätte ich von der/dem nicht erwartet»?		
7. Neigen Sie dazu, zu sagen: «Alles muss ich selbst machen, damit es richtig funktioniert»?		
8. Würden Sie sich gerne mehr auf andere verlassen?		
9. Wäre es hilfreich für Sie, wenn Sie die wirklichen Bedürfnisse von Menschen schneller und zuverlässiger erkennen könnten?		
10. Gibt es mit Ihren Mitmenschen des Öfteren Missverständnisse?		

Wenn Sie mindestens drei dieser Fragen mit Ja beantwortet haben, lohnt es sich für Sie, Ihre Menschenkenntnis mit diesem Buch zu vertiefen.

2. Wer tickt eigentlich wie? Grundlage für die Selbst- und Menschenkenntnis

«Wer Menschenkenntnis besitzt, ist gut.
Wer Selbsterkenntnis besitzt, hat Aussicht auf Erleuchtung.»
(Chinesisches Sprichwort)

Ein Blick ins Uhrwerk: das Drei-Hirne-Modell

Die moderne Hirnforschung führte zu der Erkenntnis, wie unser Gehirn aufgebaut ist. Bekannt geworden ist mittlerweile die Einteilung des Großhirns in eine linke und eine rechte Hemisphäre, wobei der linken mehr das logische Verstandesdenken und der rechten das Emotionale zugeschrieben wird. Doch über das *Großhirn* hinaus verfügt der Mensch noch über zwei weitere, evolutionsgeschichtlich ältere Gehirnbereiche, und zwar das *Stammhirn* und das *Zwischenhirn.*

Diese drei Gehirnbereiche hat der amerikanische Hirnforscher Paul MacLean untersucht und zur Basis seines *Triune-Brain-*Konzeptes gemacht. MacLean führte diese Bezeichnung ein, um evolutionäre Abläufe zu erklären, die sich in den Funktionen und Strukturen des menschlichen Gehirns widerspiegeln. Alle drei Gehirnbereiche erfüllen eigenständig völlig verschiedene Funktionen, wirken jedoch «dreieinig» zusammen. Sie haben ein eigenes Bewusstsein, eigene Ausdrucksweise, Bedürfnisse, Erinnerungen und Wahrnehmungen. MacLean sieht das Gehirn als eine «Aufeinanderstapelung» dreier Systeme, wie sie bei Reptilien, bei Säugetieren und bei uns Menschen vorkommen. Mit anderen Worten:

«Unser Gehirn bildet keine Einheit. In unserem Kopf hat nicht ein Präsident seinen Sitz, sondern ein Parlament, dessen Vertreter die unterschiedlichsten Interessen verfolgen. Das Gehirn besteht aus unterschiedlichen Systemen von unterschiedlichem Alter, die unterschiedliche Interessen verfolgen, unterschiedlichen Gesetzen gehorchen und die nicht gut miteinander zusammenarbeiten» (Vroon 1993, S. 203).

Jedem der drei Hirnbereiche sind besondere Merkmale zugeordnet, die den Menschen sowohl physisch (körperlich) als auch psychisch (emotional) prägen. Jeder Mensch wird von jedem dieser drei Gehirne beeinflusst, verfügt also über Merkmale, Verhaltensweisen und Eigenschaften, die jeweils vom Stamm-, Zwischen- oder Großhirn gesteuert werden. Über die jeweilige Ausprägung der Merkmale bzw. den Einfluss des betreffenden Gehirnbereiches entscheidet die individuelle genetische Struktur. Sie bestimmt die Art der «Kooperation» der drei Hirne und deren Einfluss, was sich wiederum auf das Verhalten und den Körperbau auswirkt.

Daraus erklärt sich, dass verschiedene Menschen auf die gleiche Situation völlig unterschiedlich reagieren und auf den gleichen Impuls ganz verschiedene Reaktionen zeigen können. Wenn es möglich ist, diese genetischen Unterschiede und Ursachen wissenschaftlich zu beweisen, dann muss es auch möglich sein, daraus verlässliche Schlüsse abzuleiten – Schlussfolgerungen, die es zulassen, den Menschen aufgrund seiner Lebenseinstellung und seines Verhaltens zuverlässig zu charakterisieren.

Das Stammhirn

Das Stammhirn ist das entwicklungsgeschichtlich älteste Hirn. Es soll mehr als 400 Millionen Jahre alt sein und stammt aus der Periode der Dinosaurier. Es war die einzig ausgeprägte Hirnfunktion der höher entwickelten Lebewesen jener Zeit. Im Wesentlichen steuert es die Urinstinkte des Lebens, regelt die physischen Grundbedürfnisse, dient der Selbsterhaltung und sorgt für die Arterhaltung (Geschlechtstrieb). Da das Stammhirn die Aufgabe hat, für das Überleben zu sorgen, ist es auch heute noch in der Lage, Erfahrungen zu speichern, die der *Selbsterhaltung* dienen. Sie gehen über die lebenswichtigen Körpervorgänge hinaus und ermöglichen zum Beispiel das zögerliche Reagieren in brenzligen Situationen. Dies kann nur im Sinne einer «Automatik» funktionieren, die mit einem «Softwareprogramm» vergleichbar ist, das bei Bedarf ohne Nachdenken spontan abläuft, weil entsprechende Erfahrungen durch vielfache Wiederholung abgespeichert werden.

Menschen, die stark vom Stammhirn beeinflusst sind, verlassen sich mehr als andere auf ihre Erfahrungen. Sie werden nicht immer allzu leicht mit neuen Situationen fertig, weil sie das Altbewährte vorziehen. Zeitlich orientieren sie sich an der Vergangenheit. Ein Merkmal ist auch, dass sie sich in der Gemeinschaft mit anderen wohler fühlen, was auf eine uralte Funktion des Stammhirns zurückgeht: Das Leben in der Herde bedeutet Sicherheit. Im Drei-Hirne-Modell ist den typischen Merkmalen des Stammhirns die Farbe *Grün* zugeordnet.

Das Zwischenhirn

Das Zwischenhirn ist rund 200 Millionen Jahre jünger als das Stammhirn und entstand mit der Entwicklung der Säugetiere, und zwar als Folge einer Differenzierung der Tierwelt in Pflanzen- und Fleischfresser. In dieser Periode gab es zwischen den Tieren Rivalitäten und Machtkämpfe um die Führung, dementsprechend besteht die Hauptfunktion des Zwischenhirns in der *Selbstbehauptung*. Es regelt das Durchsetzungsvermögen, das Überleben (Angriff, Flucht und Anpassung) und ist verantwortlich für soziale Bedürfnisse wie Anerkennung und Wertschätzung. Das Zwischenhirn erkennt, ob «Freund» oder «Feind» gegenübersteht, und entscheidet, ob Angriff oder Flucht die richtige Reaktion ist. Es repräsentiert auch den Sitz der Emotionen.

Menschen, die stark vom Zwischenhirn gesteuert sind, zeigen öfter Verhaltensweisen, die konkurrenzorientiert sind. Sie sind stark auf die Gegenwart ausgerichtet, auf das Hier und Jetzt, in dem sich

«Nägel mit Köpfen» machen lassen. Sie können auf wechselnde Situationen schnell, flexibel und manchmal auch impulsiv reagieren. Sie lieben klare Hierarchien in der Absicht, die Führung zu übernehmen. Die durch das Zwischenhirn gesteuerten Merkmale sind mit der Farbe *Rot* gekennzeichnet.

Das Großhirn

Das Großhirn ist der entwicklungsgeschichtlich jüngste Teil des Gehirns und entstand vor etwa drei Millionen Jahren in der Phase der Weiterentwicklung der Primaten. Über ein Großhirn verfügen nur Affen und Menschen. Das Großhirn ermöglicht es Lebewesen erstmals, sich eine bewusste Vorstellung von ihrer Umwelt zu machen. Man führt dies darauf zurück, dass die Primaten häufig in den Bäumen saßen und sich damit einen Überblick über das Geschehen am Boden verschaffen konnten. Dem Menschen verhilft das Großhirn zu *Selbstbestimmung und Selbstbewusstsein,* denn es erlaubt ihm, nicht nur über die Umwelt, sondern auch über sich selbst nachzudenken. Das Großhirn steuert die logische und rationale Orientierung.

Menschen, die stark vom Großhirn gesteuert werden, sind zukunftsorientiert und besitzen Erfolgsfaktoren, wenn es um Planung und Vorhersage auf der Basis von Fakten und Daten geht. Den durch das Großhirn gesteuerten Merkmalen wird die Farbe *Blau* zugeordnet.

Der Aufbau des Gehirns erlaubt je nach Dominanz des Hirnbereiches die Unterscheidung zwischen drei Typen:

- *Stammhirn*-Orientierung mit den Schwerpunkten: Selbsterhaltung, soziale Kontakte, Vergangenheitsbezug – Farbe *Grün*
- *Zwischenhirn*-Orientierung mit den Schwerpunkten: Selbstbehauptung, Wettbewerbsorientierung, Gegenwartsbezug – Farbe *Rot*
- *Großhirn*-Orientierung mit den Schwerpunkten: Selbstbestimmung, Nachdenken, Zukunftsbezug – Farbe *Blau*

MacLean stellte fest, dass bei jedem Menschen einer der drei Hirnbereiche dominiert. Die Einteilung in Typen ist vollkommen *wertfrei und unvoreingenommen* zu sehen, das heißt, kein Typ ist «gut» oder «schlecht», «positiv» oder «negativ» zu sehen, denn jeder Typ hat genauso viele vorteilhafte Eigenschaften wie nachteilige. Als neutrale Bezeichnungen der Typen werden Farben verwendet. Die Farbe dient jeweils als Kennzeichnung verschiedener Eigenarten, die sich jeweils in einem Typus gebündelt finden. Zu jedem Typ gehören noch weit mehr als die bisher genannten Eigenheiten; weitere typische Verhaltensweisen werden in diesem und dem folgenden Kapitel vorgestellt.

Wenn wir wüssten, welches das vorherrschende Hirn unseres jeweiligen Gegenübers ist, bekämen wir sofort viele wertvolle Informationen über den Menschen, die es uns erlaubten, ihn besser zu verstehen. Wie kann man nun herausfinden, welcher der drei Hirnareale bei einem Menschen dominiert, welche Eigenschaften bei ihm also vorherrschend sind? Eine Möglichkeit bestünde darin, die Gehirnaktivitäten zu messen. Das ist zwar heute technisch und wissenschaftlich machbar, aber wiederum nicht alltagstauglich. Schließlich können wir nicht zu unserem Geschäftspartner oder unserer neuen Freundin sagen: «Bevor wir uns weiter unterhalten, möchte ich erst einmal Ihre/deine Gehirnaktivitäten messen.» Auch eine Analyse, die Fragebögen und Checklisten voraussetzt, ist nicht praktikabel und wäre allenfalls innerhalb eines Seminars unter Anleitung eines erfahrenen Trainers einsetzbar.

Brauchbar ist hingegen die Orientierung am menschlichen Verhalten, das wir einbeziehen können. Das Drei-Hirne-Modell wurde mit Tausenden von Menschen getestet und liefert daher wertvolle Erkenntnisse über das Verhalten. Wir können das Modell nutzen nach dem Motto: «Um das Licht einzuschalten, muss ich kein Elektriker sein (= das Gehirn eines Menschen analysieren), sondern nur wissen, wie der Lichtschalter funktioniert (= das Verhalten analysieren/beobachten).» Das Training der Menschenkenntnis läuft darauf hinaus, die Wahrnehmung so zu schulen und zu verfeinern, dass wir andere Menschen mehr und mehr auf Anhieb erkennen.

Hirn und Persönlichkeit

Bevor wir die Klassifizierung nach Typen und ihren Verhaltensweisen oder Eigenarten weiter vertiefen, ein Wort zum Thema Gehirn und Persönlichkeit: Aufgrund der bisherigen Ausführungen könnte der Eindruck entstehen, dass man vom Gehirn eines Menschen auf seine Persönlichkeit schließen kann, ja dass Gehirn und Bewusstsein mehr oder minder identisch sind. Mit diesem Buch, das sich mit dem Thema Menschenkenntnis und nicht mit der Gehirnforschung beschäftigt, kann und möchte ich mich nicht in die momentan sehr populäre Debatte zwischen Philosophen und Hirnforschern einmischen. Meiner Ansicht nach lässt sich die Persönlichkeit eines Menschen nicht an dessen Gehirn «festmachen», wie auch der amerikanische Philosoph Alva Noë jüngst in seinem Buch «Du bist nicht dein Gehirn» schreibt. Er kritisiert damit die Gehirnforschung, die naturwissenschaftliche Vorgänge im Nervensystem mit Ereignissen im Bewusstsein, letztlich auch mit Merkmalen der betreffenden Persönlichkeit, gleichsetzt. Zu Recht bemerkt Noë (2010, S. 13): «Wir sind nicht unser Gehirn. Wir sind nicht im Gefängnis unserer Vorstellungen und Empfindungen gefangen. … Wir sind zu Hause in der Welt, die uns umgibt. Wir stecken nicht in unserem Kopf.» Ansonsten wäre unser Körper ein Roboter, der von einem Gehirn bewohnt wird, das ihn steuert.

Aus meiner Sicht als Trainer, der andere Menschen in ihrer Persönlichkeitsentwicklung unterstützt, halte ich es sogar für gefährlich, Persönlichkeit und Gehirn gleichzusetzen. Ich erinnere mich an einen berühmten Schauspieler, der von einem Journalisten im Fernsehen gefragt wurde, warum er nicht damit aufhöre, Alkohol zu trinken, obwohl er wisse, dass seine Gesundheit und seine Karriere sehr stark gefährdet seien. Die Antwort des Schauspielers lautete:

«Ja, wissen Sie, mein Arzt hat mir genau erklärt, wie mein Gehirn strukturiert ist. Es ist so und so aufgebaut mit den und den Vernetzungen innerhalb der Gehirnbereiche … (er nannte viele Einzelheiten), und darum fällt es mir so schwer, mit dem Trinken aufzuhören.» Eine solche Ansicht ist natürlich ein Loser-Programm, eine Verliererstrategie ersten Ranges! Ist schon Alkoholismus eine ganz schlimme Loser-Strategie, so ist es die bequeme Ausrede, das Gehirn erlaube aufgrund seiner individuellen Struktur keine Veränderungen der eigenen Verhaltensweisen, erst recht. Nur wenige Monate nach dem Interview wurde im Fernsehen gezeigt, wie der Schauspieler, unfähig zu sprechen, in einem Rollstuhl in ein Pflegeheim gefahren wurde, wo er zwei Jahre später an den Folgen seiner Alkoholkrankheit verstarb.

Das Gehirn und seine materielle Struktur können wir gewiss nicht als Vorwand benutzen, um uns nicht ändern zu wollen, um schlechte Angewohnheiten zu pflegen oder Verliererprogramme weiter passiv in uns ablaufen zu lassen (mehr zu diesem Thema in Kapitel 6). Wir haben *immer* die freie Wahl und die Möglichkeit, uns positiv oder negativ zu verändern. Darum ist auch der Untertitel des Buches «Drei Hirne im Kopf» von Piet Vroon «Warum wir nicht können, wie wir wollen» leider irreführend, weil er den freien Willen des Menschen infrage stellt (was übrigens der Inhalt des Buches nicht tut).

Am besten ist es, wir konzentrieren uns im Folgenden im Hinblick auf unser Ziel, die Selbst- und Menschenkenntnis zu vertiefen, auf das Verhalten und betrachten Parallelen zum Gehirn und seiner evolutionsgeschichtlichen Entwicklung in erster Linie als hilfreiche *Analogie*.

> «Was der Mensch wird, entscheidet zu ca. 50 % die Erbanlage. Was er daraus macht, entscheidet der Mensch selbst. Wir sind nicht für unsere Veranlagungen … verantwortlich, wohl aber dafür, wie wir damit umgehen» (Gsell 2009, S. 191).

Woher das Ticken kommt – der Ursprung unseres Verhaltens

Die Wissenschaft hat festgestellt, dass viele Verhaltensweisen angeboren zu sein scheinen, aber insgesamt ist jedes Verhalten das Ergebnis der Wechselwirkung von genetischer Anlage einerseits und Umweltfaktoren andererseits. Zu den Umweltfaktoren gehört ganz wesentlich die Erziehung. Das Verhalten der meisten Menschen ist sehr stark konditioniert, also antrainiert, und das seit der Kindheit. Das heißt, viele Menschen verhalten sich nicht so, wie sie ihrer wahren Natur nach *sind,* sondern sie erfüllen mehr oder weniger unbewusst «Vorgaben» ihrer Eltern oder Lehrer, wie sie *sein sollen.*

In der Schule und von den Eltern wird uns scheinbar «richtiges» und «gutes» Verhalten vorgegeben. «Richtig» heißt aber meist nur: erwünscht und vielfach auch bequem für Erziehende, nicht unbedingt aber förderlich für die kindliche Persönlichkeit, die sich ihren Anlagen gemäß – und nicht fremden Erwartungen gemäß – entwickeln möchte. Das kann man schon in der Schule an den Zeugnissen erkennen. In der Notenspalte für «Verhalten» werden rotdominante Kinder, die von Natur aus sehr lebhaft sind, häufig getadelt: «Ist frech, stört den Unterricht», heißt es da oft. Bei Gründominanten, die besonders den sozialen Kontakt zu anderen suchen, steht im Zeugnis oft: «Ist schwatzhaft und kommt häufig zu spät.» Als «vorbildlich» im Sinne des Schulsystems gelten nur die blaudominanten Kinder, weil diese sich meist still beschäftigen können und außerdem für Faktenwissen sehr aufgeschlossen sind. In meinen Zeugnissen stand häufig: «Martin träumt manchmal stundenlang vor sich hin. Ist er müde?» Müde war ich nicht, aber mein privates «Programm» war erheblich spannender als der langweilige Schulunterricht, von dem ich mich als rotdominantes Kind nicht angesprochen fühlte.

Wir sollten uns davon frei machen, Verhalten als «richtig» oder «falsch», als «gut» oder «schlecht» zu beurteilen, wie wir es aus dem Elternhaus, der Schule und dem Ausbildungssystem gewohnt sind. Das gilt vor allem für das Verhalten unserer Mitmenschen. Sie haben etwas Besseres verdient! Wir müssen unsere Mitmenschen nur verstehen, wir müssen sie weder be- noch verurteilen, noch müssen wir sie ändern wollen.

Es ist einer der größten Wünsche jedes Menschen, so angenommen zu werden, wie er ist. Änderungs- und Umerziehungsversuche sind zwecklos. Wenn wir die Eigenarten und die Sprache des anderen verstehen, können wir erfolgreich auf ihn einwirken, ohne selbst das Gefühl zu haben, uns vergeblich zu bemühen – und ohne unserem Gegenüber das miese Gefühl zu geben, dass er in unseren Augen «nicht richtig tickt».

Aufgrund der starken Konditionierungen, die in allen Menschen wirksam sind, wissen wir nicht, ob Verhaltensweisen, die jemand an den Tag legt, nur künstlich und anerzogen sind oder seiner wahren Natur entsprechen. Selbst dann, wenn wir gelernt haben, das Verhalten eines Menschen richtig einzuschätzen und vorherzusagen, wissen wir oft nicht, ob er authentisch auftritt. Das braucht uns aber meist auch gar nicht zu interessieren, denn uns geht es ja darum, den Betreffenden zu verstehen und mit ihm zu kommunizieren, nicht ihn zu korrigieren. Was uns selbst angeht, so können wir stimmiger, authentischer, werden, indem wir Verhaltensweisen ablegen, die wir lediglich aufgrund unserer Erziehung angenommen haben, die aber nicht unserer Natur entsprechen (mehr dazu in Kapitel 6).

Rot, Grün und Blau – die Merkmale der drei Haupttypen

Wenden wir uns jetzt den drei Haupttypen und ihren Merkmalen zu: den «Blauen», den «Roten» und den «Grünen». Anschließend werden wir die Mischtypen kennenlernen. Übrigens: Genauso, wie die drei Typen nicht für «gutes» oder «schlechtes» Verhalten stehen, genauso wenig sollten wir das Wort «Typ» hier wertend verstehen, auch wenn wir in der Umgangssprache oft ein wenig herablassend von jemandem als einem «Typen» sprechen («Das ist ein komischer Typ», «mit solchen Typen komme ich nicht klar» usw.). Das Wort «Typ» kommt aus dem Altgriechischen und bedeutet so viel wie «Urbild», «Grundform». Laut Duden ist es definiert als: «bestimmte psychische Ausprägung einer Person, die mit einer Gruppe anderer Personen eine Reihe von Merkmalen gemeinsam hat». Genauso neutral ist der Begriff hier auch gemeint. (Merken Sie, wie leicht wir immer dazu neigen, allein schon durch unsere Wortwahl Menschen in Schubladen zu stecken? Wir müssen uns bewusst davon frei machen.)

Das Ziel einer Typologie sollte es sein, ein tieferes Verständnis für Menschen und eine Toleranz für ihre «Andersartigkeit» und «Verschiedenheit» herzustellen, damit unnötige Konflikte vermieden werden können. Schätzungsweise 80 Prozent der zwischenmenschlichen Konflikte könnten vermieden werden, wenn Menschen in der Lage wären, andere zu verstehen, ohne sie gleich zu bewerten.

Peter ist ein erfolgreicher und dynamischer Unternehmer. Nach seiner Ausbildung hat er sich mit einem Handwerksbetrieb selbstständig gemacht. Inzwischen hat er fünf Angestellte, und die Firma ist gut ausgelastet. Peter ist mit dem Auto viel unterwegs, muss etliche Baustellen betreuen und sitzt nur selten am Schreibtisch. Seine Frau Heidi unterstützt ihn im Betrieb und hält im Geschäft «die Stellung». Unter anderem erledigt sie für ihren Mann die Buchhaltung. Sie hat ihr eigenes

Büro, und der Job macht ihr großen Spaß, wenn auch die Zusammenarbeit mit ihrem Mann nicht immer reibungslos verläuft.

Oft platzt Peter mitten in ihrer Arbeit, die viel Konzentration erfordert, zur Tür herein. Den Kopf voller neuer Ideen und mit viel Tatendrang «verkündet» er dann, mit welcher Aktion in Kürze neue Kunden gewonnen werden sollen. Während er sich spontan für die Teilnahme an Messen und Ausstellungen begeistert, ist Heidi über solche «Aktionen» ihres Mannes meist ganz und gar nicht erfreut, denn die Planung, Organisation und Durchführung kosten meist mehr Arbeitszeit und -kraft, als es sich Peter, der ohnehin kaum im Geschäft ist, überhaupt vorstellen kann. Zudem bringen solche Aktionen «außer der Reihe» immer das normale Tagesgeschäft durcheinander und führen zu Verzögerungen in der Abwicklung bereits angenommener Aufträge. Mit dem Hinweis darauf, dass Kunden schon des Öfteren verärgert waren, wenn ihre Aufträge wegen solcher Aktionen nicht termingerecht ausgeführt werden konnten, versucht Heidi jedes Mal, Peter von seinen ihrer Ansicht nach «verrückten» Ideen abzubringen. Sie zeigt ihrem Mann ihre sorgfältig geführte Statistik, die genau darlegt, dass ihre Auftragslage exzellent ist und zusätzliche Aufträge oder eine Ausdehnung des Kundenstamms mit den vorhandenen Mitteln nicht zu bewältigen sind. Doch Peter will von diesem «Papierkram» nichts wissen.

Franz, der als Verkäufer in der Firma den direkten Draht zu den Kunden hat, wehrt sich ebenfalls gegen die Ideen seines Chefs. Er möchte lieber den Kontakt zu den bestehenden Kunden vertiefen und pflegen, als schon wieder eine Aktion zur Neukundengewinnung zu starten. In solchen Situationen kommt es oft zu heftigen Debatten: Peter will sich als Chef durchsetzen und sich weder von seiner Frau noch von Franz dreinreden lassen. Franz ist ihm nicht nur zu lahm, sondern auch zu «redselig»: Wenn er nicht so ellenlange Reden halten, sondern sich kurz fassen würde, dann käme er auch mehr zum Arbeiten, so denkt Peter. Ohnehin vertrödelt Franz viel zu viel Zeit mit Kundenbesuchen, und Peter hegt den Verdacht, dass er da oft nur «zum Kaffeetrinken» ist, anstatt neue Aufträge hereinzuholen.

Franz hingegen sieht das anders: Es ist seine seit Jahren betriebene intensive Kundenpflege, die dem Geschäft von Peter langfristig zu einer soliden Auftragslage verholfen hat. Eine Erweiterung des Kundenstamms hält Franz für wenig sinnvoll, denn zwangsläufig müssten die Kontakte zu den Bestandskunden, für die dann weniger Zeit wäre, darunter leiden. Es sei denn, man würde mehr Mitarbeiter einstellen, aber das lehnt Peter ab. Während Peter sich von seiner Frau und seinem Mitarbeiter in seinem Tatendrang «ausgebremst» fühlt, haben Heidi und Franz immer wieder das Gefühl, von Peter «überrollt» zu werden. Alle drei sind nicht wirklich zufrieden, sehen aber auch keine Lösung für das Problem.

Überlegen Sie bitte einmal einen Augenblick, welchen Typ Peter, Heidi und Franz in der kleinen Geschichte jeweils repräsentieren? Peter ist rot-, Heidi blau- und Franz gründominant. Falls Sie die Typen bereits richtig identifizieren konnten, gratuliere ich Ihnen. Sie haben den ersten erfolgreichen Schritt zu einer genaueren Menschenkenntnis getan. Zugleich haben Sie einen der «typischen» Konflikte kennengelernt, wie sie zwischen den drei Typen häufig entstehen. Schauen wir uns die Merkmale des Rot-, des Grün- und des Blautyps genauer an:

Der Rotdominante

Der *Rotdominante* ist dynamisch und zupackend. Als klassischer «Macher-Typ» ist er kurz entschlossen, kämpferisch, wettbewerbsorientiert und will schnell zur Sache kommen. Rasches Handeln und konkrete Ergebnisse stehen für ihn im Mittelpunkt. Er ist kein Freund langer Reden, sondern möchte gleich auf den Punkt kommen, wobei er auf das Nützliche konzentriert ist. Gerne nutzt er eine günstige Situation, um «das Glück beim Schopf zu packen». Er legt Wert auf Dominanz, Überlegenheit, Anerkennung, Lob und Prestige. Er zeigt Begeisterung, Enthusiasmus und Optimismus und handelt impulsiv und spontan.

Der Gründominante

Der *Gründominante* ist der «Gemüts-Typ». Geselligkeit, Gemütlichkeit und Kontaktfreude gehören zu seinen herausragenden Eigenschaften. Durch seine einfühlsame, liebenswürdige und sensible Art kommt er prima mit Menschen aus, hat ein gutes Fingerspitzengefühl und ist diplomatisch. Als eher vergangenheitsorientierter Mensch ist er bodenständig und konservativ und Neuem gegenüber nicht sehr aufgeschlossen. Während der Rotdominante Freude an neuen Herausforderungen und Wettkampf hat, hat der Gründominante Freude an Freundschaften, Festlichkeiten und gutem Essen. Er handelt gefühlsmäßig-intuitiv und nach Sympathie-Empfinden. In Gesprächen wirkt er redselig, freundlich, unbefangen, offen und gefühlsorientiert, schweift aber auch gerne vom Thema ab.

Der Blaudominante

Der *Blaudominante* ist der «Verstandes-Typ». Er analysiert, prüft, wägt ab und überlegt, bevor er handelt. Er ist immer gut organisiert, denkt logisch und abstrakt, ist genau und korrekt. Mit seiner Freude an Zahlen, Fakten, Statistik, Organisation und geordneten Strukturen ist er in Berufen gut aufgehoben, die systematisches Denken, sprachliche Präzision und Ergebnisse verlangen. Er ist zuverlässig und legt Wert auf Sicherheit, Vorsorge, Qualität und Perfektion. Im Gespräch ist er sachlich, überlegt, strukturiert und argumentativ. Während der Gründominante in Erstkontakten warmherzig auftritt, ist der Blaudominante eher zurückhaltend, ernsthaft und still. Es braucht eine längere «Aufwärmphase», bevor man mit ihm warm wird.

Die drei Haupt-Typen im Vergleich		
Rot	**Grün**	**Blau**
Praktischer IQ	Sozialer IQ	Rationaler IQ
Willensmensch	Gefühlsmensch	Verstandesmensch
Pragmatiker	Helfer	Untersucher

Die drei Haupt-Typen im Vergleich		
Rot	**Grün**	**Blau**
Macher	Durchführer	Planer
Handeln	Fühlen, Intuition	Logisches Verstehen
Energiegeladen	Entspannt	Wachsam
Stark	Warm	Kühl
Schnell	Behutsam	Genau
Unermüdlich	Langsam	Exakt
Wirkt hart	Wirkt weich	Wirkt zögerlich
Offensiv	Rezeptiv	Defensiv
Aktiv	Bedächtig	Reflexiv
Wettbewerbsorientiert	Teamorientiert	Einzelgänger
Bewegt Menschen und Dinge	Verschmilzt mit Menschen und Dingen	Analysiert Menschen und Dinge
Impulsiv	Gutmütig	Kontrolliert
Durchsetzend	Vermittelnd	Absichernd
Initiative	Gefühlsorientierung	Soziale Distanz
Kämpferisch	Gesellig	Korrekt
Pragmatisch	Kompromissbereit	Reserviert
Freiheitsliebend	Gastfreundlich	Kopflastig
Dynamisch	Kollegial	Rational
Risikofreudig	Einfühlsam	Abwägend

(Teilweise nach Bambeck 1992, S. 81)

Nachdem Sie jetzt die wesentlichen Merkmale der drei Typen kennengelernt haben, können Sie wahrscheinlich auch Ihnen bekannte Menschen schon recht genau einordnen. Gehen Sie einmal in Gedanken Ihre Familie, Freunde, Bekannten, Kollegen und Chefs durch: Wen würden Sie welchem der drei Typen zuordnen?

Lesen Sie noch einmal die beiden Szenen zu Beginn der Einführung auf Seite 10. Welchen Typus repräsentieren jeweils «der neue Kollege», Theo Köster und Sabine Haber? Und wie ticken Heike Pfeifer und ihr Freund Rolf Schorn? (Die Auflösung finden Sie hinten im Buch auf Seite 185. Aber bitte nicht schummeln, sondern erst überlegen und dann nachschlagen!)

> Im Urlaub in Kanada sind ein Rotdominanter und ein Blaudominanter gemeinsam unterwegs. Plötzlich taucht mitten im Wald ein Bär vor ihnen auf. Beide laufen los, aber der Bär kommt näher, und die Lage wird immer brenzliger. Der Blaudominante denkt eine Weile nach und ruft dann aufgeregt: «Ich habe ausgerechnet, dass der Bär schneller ist als du.» Darauf der Rotdominante: «Vergiss es! Ich muss nicht schneller sein als der Bär, sondern nur schneller als du.» – Der Gründominante ist unterdessen zu Hause geblieben, denn ihm war der Wald sowieso zu gefährlich.

Türkis, Orange, Violett und Regenbogen – die Mischtypen

Die drei Typen kommen nicht oft in «reiner» Form vor, sondern sehr häufig in einer Mischform. Das Drei-Hirne-Modell zeigt bei den meisten Menschen ein Bild, bei dem der Einfluss des Stamm-, des Zwischen- und des Großhirns unterschiedlich stark ist. Wenn alle drei Hirnbereiche gleich ausgeprägt wären, so wären die Verhaltensmerkmale von Rot, Grün und Blau gleich stark vertreten. Eine solche Balance trifft jedoch auf die wenigsten Menschen zu. Sie wäre Ausdruck ausgewogener Eigenschaften, denen aber mangels besonderer Stärken und Schwächen ein Profil fehlen würde. Üblicherweise dominiert entweder eines der drei Gehirne, oder es gibt eine

Doppeldominanz von zwei Hirnbereichen mit einem mehr oder weniger großen Defizit im dritten Bereich. Ich habe festgestellt, dass sich bei vielen Menschen eine Dopplung findet, bei der einer der drei Bereiche dominiert und ein zweiter etwas schwächerer Anteil das Verhalten mitbeeinflusst.

Entsprechend den drei Farben Rot, Grün und Blau und den Möglichkeiten ihrer Kombination gibt es folgende Mischtypen:

- Beim *Orange*-Typ dominieren Rot und Grün,
- beim *Türkis*-Typ dominieren Blau und Grün,
- wer Rot und Blau in sich vereinigt, ist der *Violett*-Typ,
- und jemand, bei dem die Merkmale aller drei Farben annähernd gleich stark ausgeprägt sind, den bezeichnen wir als *Regenbogen*-Typ. Dieser Typ macht nur etwa fünf bis zehn Prozent aus.

Peter und Heidi haben drei Kinder: Tobias, Nicole und Kevin. Tobias ist 18 Jahre und macht in Kürze sein Abitur. Er hat sich genau überlegt, wie er anschließend vorgehen will. Zuerst will er ein Jahr in die USA reisen, um Land und Leute kennenzulernen. Anschließend möchte er Jura studieren und Anwalt werden. Später im Beruf kann er dann seine Englischkenntnisse gut gebrauchen, denn viele interessante Anwaltskanzleien, die für seine spätere Tätigkeit in Frage kommen, sind heute international ausgerichtet und haben Niederlassungen auf der ganzen Welt. Peter ist gar nicht begeistert von Tobias' Ideen. Er möchte gerne, dass sein Sohn bald das Geschäft übernimmt. Schließlich wäre er dann auch selbstständig und bräuchte dafür nicht unbedingt Jura zu studieren.

Nicole ist 15 Jahre alt und unternimmt viel zusammen mit ihren Freundinnen. Bei den gemeinsamen Treffen bestimmt sie meist, was gemacht wird. Bei ihren Schularbeiten ist sie meist nicht sehr zuverlässig, denn sobald ihre Freundinnen auf der Bildfläche erscheinen, ist die Schule abgemeldet. Da sie schlechte Zeugnisnoten hat, versucht ihre Mutter Heidi, ihr Nachhilfe zu geben und sie mehr im logischen Denken zu trainieren.

Kevin, der jüngste Sohn, ist 13 Jahre alt und kommt überhaupt nicht in die Gänge. Morgens kommt er nur aus dem Bett heraus, wenn es gar nicht anders geht. Seinem Vater geht seine Trägheit auf den Wecker, und er hat schon mehrfach versucht, Kevin dazu zu überreden, in einen Sportverein einzutreten, damit er endlich mal «auf Trab» kommt, aber der Junge hat keine Lust auf Sport. Wenn er sich dann endlich mal zu etwas durchgerungen hat, ist er gewissenhaft und zuverlässig.

Immer wenn es in der Familie Konflikte gibt, wenden sich die Kinder an Opa Jakob. Er versteht sich mit allen Kindern gut und wirkt in seiner ruhigen Art auch immer ausgleichend. Für das geplante Jurastudium von Tobias interessiert er sich genauso wie für die Freizeitaktivitäten von Nicole und Kevin und das Geschäft von Heidi und Peter. Gerne hilft er auch mal im Haus mit, pflegt den Garten oder packt im Geschäft mit an, wenn gerade alle Hände voll zu tun ist.

Können Sie erraten, wie die drei Kinder und Opa Jakob ticken? Sie sind, wie Sie sicher schon vermutet haben, Mischtypen. Tobias repräsentiert den Violett-Typ, bei dem Rot und Blau überwiegen. Er plant seinen beruflichen Weg ganz genau (= blau), lässt sich aber von seinem Vater nicht dreinreden, weil er seine eigenen Vorstellungen verwirklichen möchte (= rot). Nicole steht für den Orange-Typ. Rot und Grün sind bei ihr gemischt: Geselligkeit mit den Freundinnen geht ihr über alles (= grün), gleichzeitig ist sie im Freundeskreis die Tonangebende (= rot). Im Blau-Bereich hat sie ein Defizit: Für Faktenwissen und logisches Denken ist sie wenig empfänglich, was ihre schlechten Schulnoten erklärt. Kevin steht für den Türkis-Typ. Da er ein Rot-Defizit hat, mangelt es ihm an Antrieb und Dynamik. Wenn er sich dann doch endlich zu etwas durchgerungen hat, kommt sein Blau-Anteil mit einem hohen Grad an Zuverlässigkeit zur Geltung. Opa Jakob steht für den Regenbogen-Typ. Er ist ein Generalist, der vieles kann, vielseitig einsetzbar ist und menschlich mit allen gut zurecht kommt. Typisch für den Regenbogen-Typ ist, dass er eher unscheinbar im Auftreten ist und zurückhaltend wirkt.

Behalten wir im Auge, dass die sieben Typen ein wenig den Charakter von «Faustregeln» oder – wie man in der Computersprache sagen würde – von *Shortcuts* haben: Es geht nicht darum, wissenschaftlich hochpräzise die einzelnen Typen zu analysieren und darzustellen, sondern um Möglichkeiten, im Alltag rasch, ohne Umwege und langes Überlegen Menschen richtig einzuschätzen und mit ihnen umzugehen. Wir sind nicht in der Lage, alle Menschen, Ereignisse und Situationen, mit denen wir es jeden Tag zu tun haben, in allen Einzelheiten zu analysieren. Dazu fehlt es uns an Zeit, Energie und Kapazität. Wir müssen uns auf «Faustregeln» verlassen, um Menschen anhand einiger wesentlicher Schlüsselmerkmale mit etwa 80-prozentiger Richtigkeit einzuordnen, damit wir ohne langes Nachdenken reagieren können.

Es erübrigt sich daher, die Merkmale der Mischtypen einzeln aufzulisten. Wie Sie gesehen haben, ergibt sich die Mischung aus der Kombination der jeweils vorhandenen Farbanteile. Sie brauchen sich also im Wesentlichen nur die Schlüsselmerkmale des Rot-, des Grün- und des Blau-Typs einzuprägen und sind dann auch in der Lage, Mischtypen zu erkennen. Gehen Sie einmal in Gedanken Ihre privaten und beruflichen Kontakte durch und überlegen Sie, wer welchen Mischtyp vertritt.

Wie ticke ich selbst? Selbsterkenntnis ist der erste Schritt

Wer sich selbst kennt, kennt auch seine individuelle Erfolgsstrategie. Vielleicht haben Sie auch schon die Erfahrung gemacht, dass Sie ein bestimmtes Vorgehen bei einem anderen Menschen beobachteten und zunächst glaubten, Sie könnten es ebenso machen. Als Sie es probierten, funktionierte es aber bei Ihnen nicht. Manchmal hat man in solchen Situationen den Eindruck, eine bestimmte Sache – z. B. eine bestimmte Tätigkeit – läge einem nicht, oft ist es aber nur die Herangehensweise, die Methode, die einem nicht liegt. Wenn zwei Menschen das gleiche tun, ist es eben noch lange nicht dasselbe.

Genauso ergeht es uns oft mit Ratschlägen: Andere empfehlen uns ein bestimmtes Vorgehen, mit dem sie selbst Erfolg hatten, aber wenn wir diese Ratschläge befolgen, klappt überhaupt nichts. Stellen Sie sich folgende Situation vor: Aus irgendwelchen Gründen geht es Ihnen nicht gut. Was macht Ihr Umfeld in diesem Fall? Viele sind wohlmeinend, wollen Ihnen helfen und erteilen Ihnen Tipps und Ratschläge. Wenn Sie von mehreren Menschen in kurzer Zeit Ratschläge bekommen, merken Sie schnell, wie unterschiedlich diese sind. Fragen Sie sich, was richtig und was falsch ist, dann sind Sie verwirrt. Wenn Sie selbst beispielsweise blaudominant sind, dann passen die Ratschläge Rotdominanter genauso wenig wie die Gründominanter zu Ihnen. Die Quintessenz daraus: Jeder Mensch hat grundsätzlich Recht, allerdings aus seiner eigenen Perspektive, und die gilt oft nicht für andere. Wir Menschen haben die Neigung, unser Gegenüber als Spiegel zu benutzen und daher zu glauben, was für einen selbst richtig ist, sei auch für andere richtig.

Nun, jeder Mensch hat eben seine eigene Persönlichkeit und seine ganz individuelle Art, Dinge zu tun. Betrachten wir nun einmal die Art und Weise, wie Menschen ihr berufliches Fortkommen gestalten (ich vermeide hier bewusst das Wort «Karriere», weil es für manche negativ klingt). Wenn der Rote vorankommen will, dann wird er ohne viel Überlegung auf sein Ziel losgehen und dadurch Erfolg haben, dass er andere Menschen mitreißt und von seiner Vision, seinen Plänen und Ideen begeistert. Ein Grün- oder ein Blaudominanter hingegen, der versuchen würde, auf dieselbe Weise vorzugehen, fiele kläglich auf die Nase. Dem Blau-Typen liegt es nicht, andere spontan mitzureißen; wenn er es probiert, wirkt er dabei höchstens lächerlich, aber nicht echt. Der Blau-Typ wird seine angestrebte Position von langer Hand planen und am Ende dadurch gewinnen, dass er mit sorgfältig gesammelten Fakten und durchdachten Argumenten die wichtigen Leute von seiner Fachkompetenz überzeugt und mit Wissen brilliert. Möglicherweise wird er dazu sogar Fachartikel oder Bücher publizieren – etwas, wozu sich der Rot-Typ eher überwinden muss. Der Grün-Typ wiederum hat Erfolg, weil er seine sozialen Beziehungen pflegt, andere ihn aufgrund seiner persönlichen Ausstrahlung sympathisch finden und sein Einfühlungsvermögen und seine Kommunikationsfähigkeit im Team schätzen.

Wer Erfolg haben will, sollte seine persönliche Erfolgsstrategie kennen, das heißt, er sollte seinen Typ – und damit seine Vorlieben, Fähigkeiten und Eigenarten – kennen, um seinen persönlichen Lebensweg erfolgreich und so angenehm und leicht wie möglich zu gestalten.

Authentisch sein

Es verursacht unnötigen Stress, ein Verhaltensmuster zu leben, das einem nicht liegt und einem nicht entspricht. Wenn wir ein Ziel nicht oder nur mit großen Mühen erreichen oder wenn uns eine Tätigkeit oder ein Beruf keinen Spaß macht, so ist dies immer ein klarer Hinweis darauf, dass wir nicht authentisch sind, weil wir etwas Fremdes leben anstatt uns selbst. Wie bereits ausgeführt, sind die meisten Verhaltensweisen durch die Erziehung stark konditioniert und entsprechen oft nicht unserer wahren biologischen Struktur.

Einer meiner Freunde ist Professor an einer Universität. Eines Tages bat er mich um ein Gespräch. Er hatte alles, was er sich im Leben wünschte, erreicht: eine gesunde Familie, eine glückliche Beziehung und eine angesehene Stellung. Dennoch war er nicht glücklich. Bei einem persönlichen Coaching stellte sich heraus, dass er ihm wichtige Werte nicht lebte. An erster Stelle standen für ihn Freiheit und Unabhängigkeit. Seine Stellung an der Universität und seine Familie führten jedoch dazu, dass er in feste Strukturen eingebunden war und so gut wie keine Herausforderungen erlebte. Die genauere Analyse führte zu dem Ergebnis, dass es seine Frau war, die darauf bedacht war, dass alles seinen geordneten Gang ging und die Zukunft der Familie abgesichert war. Seine Frau war ein Blau-Typ – und er lebte als Rot-Typ ihr Wertesystem. Nachdem er erkannt hatte, worin die Ursache für seine Unzufriedenheit bestand, fand er gemeinsam mit seiner Gattin eine Lösung für sein Problem, bei dem auch die Familie und die Interessen seiner Frau nicht zu kurz kamen. Er absolvierte eine Ausbildung, die es ihm ermöglichte, sich selbstständig zu machen. Als Unternehmer kann er nun sein Bedürfnis nach Freiheit ausleben und hat die Herausforderungen, die ihn glücklich machen. Seine Kollegen an der Universität hingegen, überwiegend Blaudominante, konnten nicht verstehen, warum er seine gesicherte Position als Beamter einfach aufgab.

An diesem Beispiel erkennen wir, wie wichtig es ist, authentisch zu sein bzw. zu werden und sich nicht fremdbestimmen zu lassen. Wir sehen auch, dass es nützlich ist, wenn beide Partner in einer Beziehung ihren jeweiligen Typ kennen. Dann kann man sich viel besser aufeinander einstellen und sich gegenseitig verstehen. Und vor allem besteht die Chance, endlich einmal mit den überflüssigen Vorwürfen aufzuhören, mit denen man sich häufig gegenseitig das Leben schwermacht. Man kann über die Verschiedenheiten lachen und Wege finden, die beiden Partnern gerecht werden, weil man begonnen hat, in Lösungen zu denken anstatt in Schuldzuweisungen.

Ein Ehepaar sitzt gemeinsam in einem Zugabteil. Bald kommen weitere Reisende hinzu. Während die Frau sofort anfängt, sich angeregt mit den Mitreisenden zu unterhalten und dabei auch familiäre Themen nicht ausspart, vergräbt sich der Mann hinter seiner Zeitung. Wie ein Schutzschild hält er die Zeitung hoch und gibt keinen Mucks von sich. Als die Mitreisenden ausgestiegen sind, kommt es zum Streit zwischen den beiden. «Musst du immer alles erzählen?», fragt er. «Musst du immer so kalt sein?», entgegnet sie. Die Auseinandersetzung hätte sich vermeiden lassen, wenn beide erkannt hätten, dass sie ganz unterschiedlich «gestrickt» sind. Sie wissen es bereits: Sie ist eine Gründominante, während er ein Blaudominanter ist. Natürlich erscheint er ihr «kalt», während sie ihm «geschwätzig» vorkommt.

Solche negativen Bewertungen können wir uns in Zukunft ersparen, wenn wir unseren Typ und den unseres Partners kennen. Wir müssen den anderen nicht mehr verurteilen, sondern erkennen, dass er einfach andere Prioritäten und Vorlieben hat als wir selbst. Damit lassen sich viele unnötige Konflikte und viel Stress vermeiden.

Jedem Menschen sind aufgrund seiner biologischen Struktur bestimmte Merkmale und Verhaltensweisen zu eigen. Handelt er danach, ist er im Einklang mit sich selbst und wirkt auf andere echt, authentisch. Nicht wenige Menschen versuchen jedoch, nach dem Ideal anderer zu leben oder eine Rolle zu spielen, die ihnen nicht entspricht. Das führt zu einem Auftreten, das nicht mehr stimmig ist und auf andere unglaubwürdig wirkt. Wer hingegen authentisch ist, wirkt auf andere immer stimmig, nämlich vertrauenswürdig, überzeugend, sympathisch und glaubwürdig. Vielleicht haben Sie selbst schon festgestellt, dass Sie Menschen begegnet sind, bei denen Sie das Gefühl hatten, dass irgendetwas nicht stimmt, ohne dass Sie genau wussten, worum es sich handelte. Ihre unbewusste Wahrnehmung bekam bei solchen Menschen widersprüchliche Signale. Sind solche Menschen erfolgreich? Meistens nicht oder nur mäßig. Oft haben sie früh gelernt, sich so zu benehmen, dass ihr Verhalten anderen (ursprünglich Erziehungspersonen) gefällt, weil sie dafür belohnt wurden.

Wichtig ist es, sich selbst treu zu bleiben und damit authentisch zu sein. Dabei können die Erziehung und gewisse Vorbilder durchaus als Katalysator wirken, um negative Eigenschaften im Zaum zu halten. Wutausbrüche beispielsweise einfach damit zu entschuldigen, dass man eben ein rotdominanter Typ ist, und ihnen unkontrolliert freien Lauf zu lassen, wäre sicher unklug. Die umweltbedingten Steuerungsmechanismen sollten aber nur insoweit Einfluss haben, als sie der entsprechenden Situation angepasst sind, ohne die eigenen Eigenschaften zu unterdrücken.

Entscheidend ist es, seinen Typ entsprechend seiner biologischen Struktur nicht nur zu kennen, sondern auch zu akzeptieren und damit im Einklang zu leben. Jeder Typ enthält Dominanzen und Defizite, hat Vor- und Nachteile. Es gilt, sich der eigenen Stärken bewusst zu werden und sie im Leben voll einzusetzen.

Ein Mensch kann im Laufe seines Lebens sein Verhalten verändern, wenn er seine anerzogenen Programmierungen ablegt und damit authentischer wird. Die genetische Komponente ändert sich jedoch nicht. Jeder der drei Typen hat ein Entwicklungspotenzial in Richtung der anderen beiden Typen, die in ihm weniger stark ausgeprägt sind. Man kann sich das so vorstellen: Es gibt die «Hardware», die den genetischen Anlagen entspricht, und es gibt die «Software», die den Verhaltensmerkmalen entspricht. Die Hardware lässt sich im Unterschied zur Software nicht verändern.

Eine positive Veränderung kann bewirken, dass sich der dominante Typ etwas abschwächt, während Verhaltensweisen der beiden schwächer ausgeprägten Typen stärker in den Vordergrund rücken.

Die «scharfen Kanten» eines übermäßig stark ausgeprägten Haupttyps «schleifen» sich sozusagen «ab», sobald Eigenschaften der übrigen Typen mehr nach vorne treten. Insbesondere starke Defizite in einem Bereich können auf diese Weise ausgeglichen werden, so dass die Persönlichkeit mehr in Balance ist und damit auch authentischer auf andere wirkt (mehr dazu in Kapitel 6).

Welcher Typ bin ich?

Kreuzen Sie in der folgenden Tabelle in jeder Zeile diejenige Eigenschaft an, die am ehesten auf Sie zutrifft (pro Zeile immer nur *ein* Kreuz!). Entscheiden Sie sich spontan, ohne lange nachzudenken. Achten Sie darauf, dass Sie in einer ausgeglichenen und gelassenen Stimmung sind, wenn Sie die Analyse durchführen. Falls Sie gerade in einer emotional bewegten Verfassung sind (z. B. durch Stress, Kummer, Angst, Trauer oder akute Verliebtheit), sollten Sie die Analyse verschieben. Denn sonst kann es sein, dass die Ergebnisse verfälscht sind, weil sie nur Ihrer *momentanen* Stimmungslage entsprechen, aber nicht repräsentativ für Ihr Leben im Allgemeinen sind.

Selbsteinschätzung des eigenen Typs		
1. Ich bin eher		
aktiv und dynamisch	zurückhaltend und ruhig	gemütlich und gesellig
2. Am liebsten beschäftige ich mich mit		
der Gegenwart	der Zukunft	der Vergangenheit
3. Wenn ich etwas Neues erfahre, dann bevorzuge ich		
kurz das Wesentliche	genaue Informationen	persönliche Informationen

4. Wenn ich jemandem vorgestellt werde, den ich nicht kenne, dann		
bin ich direkt und spontan	eher zurückhaltend	schnell im Gespräch
5. Ich entscheide mich		
schnell	wenn ich eine Nacht darüber geschlafen habe	eher zögernd
6. Ich lege Wert auf		
Aktion	Sachlichkeit	Gespräche
7. Wenn ich eine Million Euro/Franken bekäme, dann würde ich zuerst		
mir etwas Tolles anschaffen	das Geld sicher anlegen	alle meine Freunde zu einer Party einladen
8. Wie beschreiben Sie Ihren Freundeskreis?		
Viele Menschen kennen mich	Ich habe wenige, aber dafür echte Freunde	Ich kenne viele Menschen
9. Ich liebe		
immer das Neueste	genaue Sachinformationen	den persönlichen Kontakt
10. Welches Image haben Sie?		
Ich bin ein Macher	Wenn ich etwas sage, hat es Hand und Fuß	Ich bin liebenswürdig
11. Beschreiben Sie Ihren Körperbau:		
muskulös, kräftig	schmal, schlank, dünn	rundlich, weich
12. Welcher der folgenden Berufe wäre noch für Sie attraktiv?		
TV-Moderator	Computerfachmann	Sozialarbeiter

Addieren Sie Ihre Aussagen in den senkrechten Spalten und schauen Sie, in welcher Spalte Sie die meisten und in welcher Sie die zweitmeisten Kreuze gesetzt haben. In der linken Spalte stehen typische

Merkmale des Rot-Typs, in der mittleren die des Blau-Typs und rechts die des Grün-Typs.

Somit haben Sie Ihren Typ ermittelt! Die Mehrheit der Leute, die die Selbsteinschätzung durchgeführt haben, ist der Ansicht, dass das Bild überwiegend stimmt. Wenn Sie das Gefühl haben, dass das Ergebnis nicht mit Ihrer Selbsteinschätzung übereinstimmt, kann es daran liegen, dass Diskrepanzen zwischen Ihrer biologischen Veranlagung und Ihrer «Programmierung» durch die Erziehung bestehen.

Es gibt typische Fehleinschätzungen, die sehr häufig auftreten. So habe ich die Erfahrung gemacht, dass Frauen sich oft für «grüner» halten, als sie wirklich sind. Dies liegt daran, dass Frauen so erzogen werden, dass sie mehr Wert legen auf soziale Kontakte und Gespräche als Männer; keineswegs müssen sie deswegen aber immer gründominant sein. Ingenieure schätzen sich häufig oft «blauer» ein, als sie sind. Dies entspricht dem allgemeinen Bild des Ingenieurs, weil der Beruf Planung, Ordnung, Struktur und logisches Denken verlangt. Dennoch sind längst nicht alle Ingenieure blaudominant.

Auch kulturelle, nationale und regionale Wertungen können in die Analyse mit hineinspielen. Beispielsweise spricht man von den «kühlen Blonden» aus Norddeutschland oder den skandinavischen Ländern und von den «temperamentvollen Südländern». Das heißt jedoch nicht, dass alle Skandinavier blaudominant und alle Spanier und Italiener rotdominant sind. Regional oder national bedingte Eigenheiten sind nicht Ausdruck einer generellen Grundstruktur, sondern anerzogene Merkmale. Aus unterschiedlichen Kulturen lässt sich also genauso wenig auf bestimmte Typen schließen wie aus gewissen Berufen.

In der Regel werden Ihre Kreuze eine klare Rangfolge aufweisen, die einen Primärtyp und einen etwas schwächeren Sekundärtyp erkennen lässt. Sollten Sie in einer Spalte überhaupt keine Kreuze gesetzt haben, so ist dies ein Zeichen dafür, dass dort Schwächen bestehen, die sich oft durch Delegation von Aufgaben an andere ausgleichen lassen (mehr dazu in Kapitel 6).

3. Andere am Ticken erkennen – Menschen durchschauen

«Bei 90 Prozent der Menschen, die im Leben keinen Erfolg haben, liegt der Grund darin, dass sie nicht mit ihren Mitmenschen zurechtkommen.»
(Joseph Murphy, S. 176)

Typisches Verhalten im Alltag

In einer überfüllten Innenstadt ist nur ein einziger Parkplatz auf der Straße noch frei. Der Blaudominante hat mit seinem klaren und gründlichen Blick die freie Parklücke als Erster entdeckt. Doch bis er das Lenkrad korrekt eingeschlagen hat, um den richtigen Einparkwinkel zu finden, steht der Rotdominante leider schon in der Parklücke drin – schief zwar, doch er steht. Während er sich über seinen kleinen Sieg freut – schließlich ist das Leben Wettbewerb –, ärgert sich der Blaudominante über die Frechheit, dass ihm der andere zuvorgekommen ist. Der Gründominante, der die ganze Situation aus der Ferne beobachtet hat, denkt sich nur: «Was für eine böse Welt!»

Im Einkaufscenter warten Sie gemeinsam mit drei anderen Leuten auf den Lift. Als er endlich kommt und die Tür sich öffnet, stellen Sie fest, dass es schon ziemlich voll da drinnen ist. Einer Ihrer Mitwartenden macht darauf eine abweisende Handbewegung und geht in Richtung Treppe fort. Der Zweite schiebt sich entschlossen mitten ins Gedränge hinein, während der Dritte lachend sagt: «Für einen ist noch Platz» und sich mit Erfolg bemüht, in den Lift hineinzukommen, bevor er weiterfährt.

Bereits an solch trivialen Beispielen aus dem Alltag können Sie die Typen in ihrem charakteristischen Verhalten beobachten – und nochmals Ihren eigenen Typ überprüfen. Wie würden Sie sich in solchen Situationen verhalten? Wenn Sie abwinken und warten, dann sind Sie der Blautyp, denn Blaue mögen allzu große Nähe und Enge nicht. Wenn Sie die Sache mit Humor nehmen und Ihnen das Gedränge nichts ausmacht, dann sind Sie eher der Grüntyp. Als Roter schließlich ist Ihnen weder die Enge noch das Gedränge wichtig, Hauptsache Sie kommen vorwärts, und wenn es nicht anders geht, dann verschaffen Sie sich eben den Platz, den Sie benötigen.

In diesem Kapitel bekommen Sie die Gelegenheit, Ihre Mitmenschen an ihrem Ticken zu erkennen und den Blick für ihre unterschiedlichen Verhaltensweisen zu schärfen und weiter zu verfeinern. Wir werden uns eine ganze Reihe verschiedener Situationen und Lebensbereiche anschauen. Das Typische lässt sich überall erkennen, und zwar in *sämtlichen* Lebensbereichen: von der Partnerschaft, über die Kindererziehung, den Beruf und die Wahl des Arbeitsplatzes – bis zu den ganz alltäglichen und scheinbar nebensächlichen Kleinigkeiten wie dem Einkauf oder der Parkplatzsuche. Sie haben in diesem Kapitel die Möglichkeit, das Verhalten der Typen genauer zu studieren, und zu lernen, die Welt auch ein wenig mit den Augen der anderen Typen zu sehen.

Jeder der drei Typen (und selbstverständlich auch der vier Mischtypen) hat in seinem Verhalten vorteilhafte wie nachteilige Züge. Sehen wir die Welt nur durch *unsere* Brille, hören wir nur unser ganz persönliches Ticken, so sind wir oft geneigt, im Verhalten des anderen seine Defizite und Schwächen wahrzunehmen, die uns vor allem in kritischen Situationen ins Auge stechen. So kommt es dann zu unnötigen Konflikten und Reibereien, besonders zu Vorwürfen, weil man sich gegenseitig nicht versteht. Ziel ist es, dieses Konfliktpotenzial abzubauen.

- Das größte Plus des Rottyps ist sein tatkräftiges, dynamisches und kraftvolles Handeln, sein größtes Minus sind aus der Sicht der anderen Typen seine Voreiligkeit, seine Schnellschüsse und manchmal auch seine Dominanz.

- Das größte Plus des Grüntyps ist seine Warmherzigkeit und Kontaktfreude, sein größtes Minus sind aus der Sicht der anderen seine Geschwätzigkeit und seine Langsamkeit.
- Das größte Plus des Blautyps ist sein klares logisches Denken und sein systematisches Vorgehen, sein größtes Minus sind seine Distanziertheit und seine zögerliche Umsetzung in die Praxis.

Partystimmung, je nach Typ verschieden

Auf den ersten Eindruck wirken alle drei Typen sympathisch, vorausgesetzt sie sind authentisch: Der Rotdominante wirkt lebhaft, impulsiv, aktiv und dynamisch, der Gründominante gesprächig, gesellig, gemütlich und liebenswürdig. Der Blaudominante ist zurückhaltend, still, ernsthaft und nachdenklich. So fällt es Ihnen leicht, die drei Typen schon beim ersten Kontakt zu erkennen. Stellen Sie sich vor, Sie sind zu einer Party eingeladen und betreten einen Raum, in dem schon viele Gäste anwesend sind. Mit ein wenig Übung können Sie durch Beobachtung schon fast auf Anhieb die drei Haupttypen ausmachen. Rechts hinten im Raum sehen Sie einen Menschen, der sich zurückhält, der nicht von sich aus auf andere zugeht und vielleicht sogar ohne Gesprächspartner allein am Büffet steht. Sie können sicher sein, dass es sich um einen Blaudominanten handelt. Solche Menschen sind oft froh und dankbar, wenn andere den Kontakt zu ihnen suchen oder ihnen in der Gruppe weitere Menschen vorgestellt werden, so dass sie einen Anknüpfungspunkt für ein Gespräch haben.

Am besten suchen Sie sich jetzt einen Gründominanten aus, wenn Sie den Blaudominanten mit einem Gesprächspartner versorgen wollen. Den Gründominanten erkennen Sie daran, dass er bereits eine große Menge von Menschen um sich geschart hat, mit denen er sich locker plaudernd, vielleicht auch scherzend, unterhält. Der Grüne wittert jede Kontaktmöglichkeit – vielleicht hat er Sie schon entdeckt, als Sie den Raum gerade erst betreten haben, und ist gleich mit ausgestreckter Hand auf Sie zugekommen. Der Grüne sucht die Nähe, auch die körperliche Nähe, und berührt seinen Gesprächspartner gerne während des Gesprächs.

Während Sie sich mit dem Gründominanten unterhalten, beobachten Sie schräg gegenüber einen Menschen, der nicht zu überhören und irgendwie auch nicht zu übersehen ist. Er steht im Mittelpunkt einer Gruppe von Leuten, denen er lautstark etwas erzählt. Anscheinend hat er in dieser Gruppe das Sagen, denn während er spricht, hören die anderen mehr zu, als dass sie selbst sprechen. Sie wissen, dass es sich um einen Rotdominanten handelt.

Die Party nimmt ihren Lauf, und diesmal hören Sie nicht nur genau zu, *was* die Einzelnen sagen, sondern auch, *wie* sie argumentieren und sprechen. An Ihrem gründominanten Gesprächspartner bemerken Sie bald, dass er von einem Thema zum nächsten springt: Er scheint über Gott und die Welt zu reden – hat er überhaupt ein bestimmtes Thema, über das er mit Ihnen sprechen möchte? Anscheinend nicht, aber dafür fallen ihm viele lustige Anekdoten und Geschichten ein, mit denen er Sie und die anderen in seiner Runde bestens unterhält. Es scheint, ihm geht es vor allem um die Geselligkeit, nicht darum, etwas Bestimmtes zu sagen oder zum Ausdruck zu bringen.

Im Laufe des Abends haben Sie Gelegenheit, auch dem Rotdominanten zuzuhören. Er erzählt engagiert von dem neuen Auto, das er sich gekauft hat, und von anderen «Spielzeugen»: vom nagelneuen iPad, vom Laptop, von seiner Segelyacht – und davon, dass er letzte Woche mit dem Privatjet nach Dubai zu einem wichtigen Kunden geflogen ist. Hin und wieder haben Sie den Eindruck, dass er nicht mit dem Zaunpfahl, sondern eher schon mit dem Garagentor winkt. Schließlich haben Sie doch längst verstanden, dass er gerne im Mittelpunkt steht. Es gelingt dem Rotdominanten, die Aufmerksamkeit seiner Zuhörer zu fesseln, wobei er in der Runde die Gesprächsthemen, zwischen denen er manchmal hin- und herspringt, bestimmt.

Wenn Sie sich nun mit dem Blaudominanten unterhalten wollen, so sollten Sie selbst die Initiative ergreifen. Und falls Sie nicht selbst ein lupenreiner Blautyp sind, sondern wenigstens ein bisschen Rot oder Grün in Ihrem Profil haben, sollte Ihnen das auch gelingen. Sie müssen das Gespräch führen, denn der Blaudominante bleibt über längere Zeit nur Ihr Zuhörer. Wenn er zwischendurch mal etwas sagt, dann bezieht er sich auf einzelne Argumente von Ihnen, die er genau reflektiert, vielleicht auch infrage stellt, wenn er sie für falsch hält. Dabei macht er sich keine Gedanken darüber, dass er Sie mit seiner Kritik an Ihren Ausführungen verletzen könnte, denn er ist stets der Sache verpflichtet, nicht der Person. Nehmen Sie es also nicht persönlich, denn er meint es nicht so! Seine Darstellungen sind systematisch, geordnet und wohl überlegt. In seiner nüchternen und sachlichen Art kann er auch manchmal sarkastisch oder ironisch sein. Auch das sollte Sie nicht stören, was möglicherweise der Fall ist, wenn Sie selbst ein Gründominanter sind, der mit der trockenen Art von Blaudominanten und ihrem eigenwilligen Humor manchmal nicht gut klarkommt und die Neigung hat, Dinge persönlich zu nehmen. Auch muss sich der Gründominante vom Blaudominanten öfter die Aufforderung anhören: «Jetzt kommen Sie aber bitte zur Sache!», wenn er den Eindruck hat, dass der andere abschweift oder wahllos von Thema zu Thema springt.

Dem Blau-Typ fällt der schriftliche Kontakt viel leichter als das persönliche Gespräch. In meiner Firma hatte ich einmal einen blaudominanten Praktikanten, der die Computer betreute. Auf die Schnelle rief ich ihm beim Betreten des Büros eilig zu: «Bitte ruf mal kurz Herrn Sowieso an!» Stundenlang hörte ich dann nichts in dieser Angelegenheit und wusste nicht, ob der Praktikant den Betreffenden inzwischen erreicht hatte und die Sache erledigt war oder nicht. Natürlich wollte ich wissen, was los war, und fragte schließlich drei Stunden später nach: «Und? Hast du angerufen?» «Nein, aber ich habe eine E-Mail geschrieben», lautete seine Antwort. Das hätte ich mir fast denken können! Telefonate sind für Blaudominante oft unangenehm, aber im Schreiben von E-Mails sind sie ungekrönte Könige. Als Rotdominanter wäre ich selbst gar nicht auf die Idee gekommen, eine E-Mail zu schreiben, sondern hätte sofort zum Telefonhörer gegriffen.

Treffen sich zwei Blaudominante auf einer Party. Sagt der eine zum anderen: «Wir kennen uns nun schon seit 25 Jahren. Wie wäre es, wenn wir uns ab jetzt duzen?» Sagt der andere, der noch ein bisschen weniger Grün im Profil hat: «Meinen Sie nicht, dafür ist es noch ein bisschen zu früh?»

Der Witz ist natürlich überzogen, zeigt aber sehr gut die Eigenart des Blauen, auf Distanz zu gehen und nicht so leicht vertraulich zu werden. Wenn «trockene» Blautypen eine Party geben, dann kann diese auf Rot- und Gründominante gelegentlich reichlich «steril und langweilig» wirken – machen Sie sich nichts daraus, und lachen Sie einfach darüber! Ich bitte Sie, mir solch kleinen humorvollen Exkurse nicht übel zu nehmen (insbesondere dann, wenn Sie selbst ein Blaudominanter sind!). Wir wollen ja gerade mit diesem Buch mehr Verständnis für die Unterschiedlichkeit der Menschen wecken – und das geht mit Humor oft am besten.

Wenn der Adrenalinspiegel steigt – Verhalten unter Stress

Nun ist es endgültig passiert: Nachdem Nicoles Schulnoten schon eine Weile deutlich in die Abwärtsrichtung zeigten, hat sie diesmal die Versetzung in den nächste Klasse nicht geschafft. Sie erinnern sich: Nicole ist die grün-rote Tochter von Peter und Heidi. Als sie ihr Zeugnis mit einer Fünf in Mathe und einer weiteren Fünf in Englisch ihren Eltern zeigt, hängt erst mal der Haussegen schief. Peter flippt regelrecht aus. Seine Mimik ist zwar beherrscht, aber mit lebhaften Gesten verschafft er lautstark seinem Unmut Ausdruck: «Mit den Freundinnen rumhängen und die Schularbeiten nicht machen – das musste ja schiefgehen! Was soll bloß aus dir werden?!», schreit er sie an. «Nun reg dich doch nicht gleich so auf», versucht Heidi ihren Mann zu besänftigen. Während sie sich Nicoles Zeugnis anschaut und überlegt, ob Nachhilfe oder eher ein Schulwechsel infrage kommt, verzieht sie keine Miene. Nicole weint und lässt traurig die Schultern hängen. Nach der Anschnauzerei durch ihren Vater ist sie sehr geknickt, und ihre Mutter macht keine Anstalten, ihr zuhören zu wollen. Sie braucht jetzt erst einmal jemanden, mit dem sie sich aussprechen kann. Daher fährt sie zu Oma Elsa, bei der sie ihr Herz ausschütten kann. Wortreich erzählt sie der Oma, wie das mit der Fünf in Mathe und in Englisch gekommen ist. Oma Elsa, eine Gründominante, ist schockiert über die ganze Sache und ruft ihrerseits Heidi an, um mit ihr zu besprechen, wie es mit der Enkeltochter weitergehen kann.

Auch in Stresssituationen reagieren die drei Typen ganz unterschiedlich. Der Rotdominante hält mit nichts hinterm Berg. Der Tonfall lässt seine Emotionen erkennen, und dann kann es auch schon einmal laut werden. Er muss sich Luft machen, und die körperliche Reaktion tut ihm gut dabei. Wenn er einfach mal auf den Tisch hauen kann, fühlt er sich besser. Aufpassen sollte er allerdings, es dabei nicht zu übertreiben und andere zu sehr vor den Kopf zu stoßen oder einzuschüchtern. Wenn ihm die Beherrschung schwerfällt, sollte er sich ein Ventil zum Stressabbau suchen, ohne seine Mitmenschen zu belasten. Sport kann zum Beispiel hilfreich sein. Ich kenne einen Rotdominanten, der im Keller einen Boxring aufgebaut hat, wo er «Dampf ablassen» kann. Das ist besser, als es sich mit seinen Mitmenschen durch aggressives Anschnauzen zu verderben.

Die Reaktion des Blaudominanten unter Stress ist oftmals nicht zu durchschauen. Seine Mimik und seine Gestik können so starr sein, dass sie an ein «Pokerface» erinnern und keine Schlüsse auf seine Gefühle zulassen. Oft wird der Blaue still und blass und zieht sich erst einmal zurück. Die Abkapselung deutet auf starke Emotionen hin.

Der Gründominante macht aus seinem Herzen keine Mördergrube. Seine Gefühle und Stimmungsschwankungen sind immer leicht zu erkennen, sowohl in Stresssituationen als auch im normalen Alltag. Seine Körpersprache ist ebenfalls deutlich. Ist er im Stress, sucht er nach jemandem, dem er sein Herz ausschütten kann, und wird redselig. Durch Gespräche kann er Stress verarbeiten. Wenn er sich in schwierigen Situationen mitteilen kann, ist das für ihn eine große Hilfe. Oft sind Gründominante sensibel dafür, bei wem sie ihren Stress «abladen» können, was von den Gesprächspartnern nicht unbedingt immer geschätzt wird.

Verhaltensmerkmale der drei Typen

	Rot	Grün	Blau
Im Gespräch	Initiativ, engagiert, sprunghaft im Denken, ungeduldig	Redselig, gefühlsbetont, persönlich, unbefangen	Überlegt, geordnet, sachlich, präzise
Erster Kontakt	Direkt, lebhaft, impulsiv, aktiv, dynamisch	Gesprächig, gesellig, gemütlich, liebenswürdig	Zurückhaltend, still, ernsthaft, nachdenklich
Bei Stress	Geht in die Luft, Beherrschung fällt schwer, Erleichterung durch körperliche Reaktionen	Möchte sein Herz ausschütten, wird redselig, muss sich aussprechen	Lässt sich nichts anmerken, wird blass und still, mag nicht reden und zieht sich zurück

(Nach Rolf Schirm)

Tun, Team und Time – Ticken am Arbeitsplatz

Die Berufswahl

Das Verhalten am Arbeitsplatz und in mancherlei Hinsicht auch die Wahl des Berufes werden vom jeweiligen Typ entscheidend beeinflusst. So liebt der Rotdominante alle Berufe, die eine besondere Exponiertheit oder Pioniertätigkeit verlangen und viel Abwechslung bieten. Tätigkeiten als Unternehmer oder Selbstständiger, im Außendienst oder auch als Schauspieler liegen ihm. Wenn Vorteile erkennbar sind, zögert der Rotdominante nicht, seine Stelle, seine Funktion oder seinen Beruf relativ schnell zu wechseln. Aufstiegsmöglichkeiten nimmt er gerne wahr.

Der Gründominante eignet sich für alle Berufe, die großes Einfühlungsvermögen oder hohe Kommunikationsfähigkeit erfordern, also für soziale Berufe wie Pfleger, Krankenschwester, Lehrer, Pfarrer, Trainer, Coach oder Künstler. In medizinischen Hilfsorganisationen finden sich oft extrem viele Gründominante. Insgesamt schauen sie sich weniger nach Aufstiegsmöglichkeiten um als Rote. Wenn überhaupt, dann gehen sie berufliche Veränderungen sehr vorsichtig an. Meist halten sie ihrem Beruf und ihrer Stelle die Treue.

Der Blaudominante ist in Berufen zu finden, die sachliches Überlegen, nüchternen, analytischen Verstand, aber auch ein eher wettbewerbsloses Arbeiten erfordern. Vertragsjuristen, Richter, Wissenschaftler, Techniker, Informatiker, Ingenieure, Buchhalter, Treuhänder und Beamte sind oft blaudominant. In solchen Berufen überzeugen sie durch Kontinuität, Ausdauer und Verlässlichkeit.

Falls Sie der Ansicht sind, dass Ihr Job nicht optimal zu Ihrem Typ passt, dann bedenken Sie, dass Sie Ihren Job entsprechend Ihrem Persönlichkeitsprofil oder Typ verändern können, auch wenn es einigen Aufwand erfordert. Das Jobgesetz lautet:

> «Ein Job ist nie so, wie er ist. Er ist so, wie Sie ihn sich machen.»
> (Stöger/Jäger 2004, S. 83)

Arbeit im Team

Carola Koch ist Chefin einer Werbeagentur und steckt voller Elan und guter Einfälle. In den Meetings versucht sie, ihre Mitarbeiter mitzureißen und sie für ihre Innovationen und neue Konzepte zu begeistern. Doch oft hat sie das Gefühl, nur auf taube Ohren zu stoßen oder für die Wände zu reden, obwohl sie sich für ein Motivationstalent hält. Letzte

Woche betrat sie mit einer großartigen Idee den Konferenzraum: «Für das Projekt Kanalstraße könnten wir ein tolles Fotoshooting in der Hafencity machen! Ich habe da letzte Woche eine neue Fotografin in der Business-Lounge kennengelernt, Frau Landsberg, die für uns die optimale Spezialisierung hat», erzählt sie begeistert und führt detailreich aus, wie sie sich die Atmosphäre auf den Fotos vorstellt. «Herr Meyer, könnten Sie für nächste Woche einen Termin mit Frau Landsberg ausmachen?» «Aber Frau Koch», wendet Herr Meyer ein, «wir haben doch schon einen anderen Fotografen engagiert! Der Vertrag liegt bereits auf Ihrem Schreibtisch», wendet er ein. «Ich weiß schon, der Herr Stuck …» Sie überlegt: «Das kriegen wir schon hin. Wenn wir den schon engagiert haben, dann könnten wir ihn doch stattdessen für das Projekt Museumsneubau einsetzen.» «Das bringt unseren ganzen Zeitplan durcheinander», wendet Herr Meyer kopfschüttelnd ein. «Schließlich sollte Herr Stuck mit dem Fotoshooting doch schon nächste Woche beginnen. Den Termin könnten wir dann nicht mehr halten, denn wir müssen erst wieder ein komplett neues Briefing durchführen und außerdem zwei neue Verträge aushandeln und aufsetzen: einen mit Herrn Stuck und einen mit der neuen Frau Landsberg.» Wie immer kann Thomas Meyer mit der sprunghaften Art seiner Chefin wenig anfangen. Aus seiner Sicht fehlt ihr die klare Linie, und das reguläre Tagesgeschäft leidet darunter. Eindringlich erläutert er, wie durch das Engagement eines neuen Fotografen der gesamte Projektablauf ins Rutschen kommt und der Abgabetermin beim Auftraggeber nicht mehr gehalten werden kann.

Jetzt mischt sich auch Silke Neukirchen ins Gespräch ein: «Also wenn wir Herrn Stuck jetzt nicht wie geplant einsetzen, dann fühlt er sich vor den Kopf gestoßen. Wir haben ihn schon beim letzten Mal regelrecht versetzt, als wir ihm einen Auftrag fest zugesagt haben, den er dann im letzten Augenblick doch nicht bekommen hat, weil unser Kunde alles abgeblasen hat. Das geht einfach nicht!» Frau Neukirchen ist an einer guten Atmosphäre im Team, auch mit den freien Mitarbeitern, sehr gelegen, und sie mag es gar nicht, wenn alles über den Haufen geworfen wird, weil die Chefin mitten in einem laufenden Projekt neue Ideen «ausgebrütet» hat. Lediglich Hans Radefeld ist mit seiner Chefin auf einer Wellenlänge und kann sich für ihre Ideen begeistern. Die Atmosphäre auf den Fotos für das Projekt Kanalstraße kann er sich gleich vorstellen. «Lassen Sie es uns doch einfach mal mit der neuen Fotografin probieren!», fordert er das Team auf. «Der Stuck macht sowieso immer alle Fotos nach demselben Schema. Aber für das Projekt Kanalstraße, da brauchen wir wirklich mal was Abgefahrenes und Kreatives. Frau Landsberg scheint genau die Richtige zu sein», argumentiert er. «Und was ist, wenn es schiefgeht?», fragt Frau Neukirchen. «Es ist ein großes Risiko, für ein so wichtiges Projekt eine neue Fotografin zu engagieren, mit der wir noch nie zusammengearbeitet haben. Man weiß nicht, was dabei herauskommt.» «Und wenn es nicht klappt, sitzen wir nicht nur auf unbrauchbaren Fotos, sondern der Abgabetermin ist auch geplatzt. Und schlimmstenfalls springt unser Kunde komplett mit dem Werbebudget ab», meint Thomas Meyer.

So geht es noch lange weiter in der Teambesprechung. Kommt Ihnen das bekannt vor? Haben Sie auch schon an solchen Meetings teilgenommen? Wenn man sich nicht einigen kann, wird das Wort TEAM schnell zur Abkürzung für: «Toll, Ein Anderer Macht's.» Teamarbeit ist ein ganz besonderes Thema und nicht ohne! Übrigens: Die Typen, die unsere vier Protagonisten Carola Koch, Thomas Meyer, Silke Neukirchen und Hans Radefeld verkörpern, sollten Sie problemlos erkannt haben. Falls nicht, schlagen Sie hinten im Buch auf S. 185 nach.

Das sind die zwei häufigsten Fehler in der Teamarbeit:

1. Das Team ist homogen zusammengesetzt: Es sind entweder nur Rot-, nur Grün- oder nur Blaudominante vertreten.
2. Teams sind zwar heterogen mit verschiedenen Typen besetzt, aber man geht nicht aufeinander ein. Jeder bleibt seiner Perspektive verhaftet und versteht die anderen nicht.

Sie haben richtig gelesen: Ein homogenes Team ist *nicht* die ideale Lösung, denn heterogene Teams bieten eine größere Vielfalt. Sie können potenziell mehr leisten und auf die Beine stellen, denn was der eine nicht kann und nicht gerne tut, das bereitet dem anderen Vergnügen. Allerdings gelingt eine produktive Zusammenarbeit in einem «gemischten» Team nur dann, wenn die Teammitglieder sich aufeinander einstellen können und Verständnis für die Position des jeweils anderen aufbringen. Nur wenige erkennen, welches Potenzial in der Andersartigkeit und der Verschiedenartigkeit von Teammitgliedern liegt. Häufig scheut man die Auseinandersetzung mit anders tickenden Kollegen und meint, Schwierigkeiten aus dem Weg gehen zu können, indem man ein homogenes Team zusammenstellt von Leuten, die allesamt gleich ticken.

Und was kommt dabei heraus? Schauen wir es uns spaßeshalber an:

- Wenn *Gründominante* ein Team bilden, dann verstehen sich alle wunderbar. Schon nach kurzer Zeit fühlen sich alle wohl miteinander. Der erste Antrag, den das Team bei der Geschäftsleitung stellt, wird wahrscheinlich der sein, eine gemeinsame Kaffeemaschine für den Konferenzraum zu bekommen … Nur wenn es darum geht, Innovationen zu entwickeln, wird sich bei den vergangenheitsorientierten Grünen wenig tun.
- Wenn *Blaudominante* ein Team bilden, dann trifft man sich nur höchst selten. Eigentlich sind Meetings auch überflüssig, denn Anträge kann man schriftlich einreichen und die Entscheidungen per E-Mail herbeiführen. Da werden tolle Pläne für die Zukunft geschmiedet, aber es wird nichts umgesetzt. Und wenn es gerade irgendwo im Betrieb «brennt» und alle zupacken müssen, dann fühlen sich die Teammitglieder garantiert nicht angesprochen, denn schließlich schmieden sie ja an der Zukunft und verausgaben sich nicht für die schnöden Probleme der Gegenwart.
- Wenn *Rotdominante* ein Team bilden, dann reden sich alle die Köpfe heiß. Zuschauer, die einen flüchtigen Blick in den Kon-

ferenzraum werfen, könnten den Eindruck gewinnen, es gehe da recht aggressiv zu (den Grünen würde es schütteln). Jeder versucht, durch seltsam ichbetontes und lautstarkes Gebaren die anderen zu dominieren, denn schließlich muss man ja ständig klären, wer denn hier nun eigentlich das Sagen hat und in der Hierarchie höher steht. Während es hoch hergeht, werden Ideen am Fließband produziert. Jeder hat etwas beizutragen, und Entscheidungen werden schnell getroffen – darunter aber leider etliche voreilige «Schnellschüsse», die nachher wieder revidiert werden müssen, weil man wichtige Details (die den Blauen natürlich sofort aufgefallen wären) übersehen und nicht bedacht hat.

Wir sehen also, homogene Teams können ausgesprochen unergiebig sein. Teams hingegen, die aus allen Typen zusammengesetzt sind, haben den Vorteil, dass Stärken unterschiedlicher Menschen kombiniert werden: Jeder Typ bringt *andere* Fähigkeiten, Schwerpunkte und Sichtweisen ein, so dass insgesamt mit Erfolg mehr bewegt werden kann. Heterogene Teams arbeiten dann konstruktiv zusammen, wenn die *Kommunikation* der Teilnehmer untereinander stimmt. Das Kommunikationsverhalten wird uns in diesem Kapitel und in den folgenden noch näher beschäftigen, und Sie werden Genaueres darüber erfahren, wie man sprachlich und menschlich aufeinander eingeht, anstatt aneinander vorbeizureden.

Verhaltensmerkmale			
	Rot	**Grün**	**Blau**
Verhalten am Arbeitsplatz	• Sach- und zielorientiert • Dominant • Führungsorientiert • Macher	• Menschen- und beziehungsorientiert • Kollegial • Teamorientiert • Durchführer	• Fakten- und selbstorientiert • Einzelkämpfer • Aufgabenorientiert • Planer

Verhaltensmerkmale			
	Rot	**Grün**	**Blau**
Verhalten im Team	Wünscht sich die Beachtung des eigenen Freiraums, die Teammitglieder sollen sich unterordnen	Die Teammitglieder werden behutsam angeleitet, damit sich alle wohlfühlen und bestmöglich einbringen	Konsequent und diszipliniert werden die Teilnehmer geführt, die nach klaren Anweisungen im vorgegebenen Rahmen arbeiten

Wenn die Uhr tickt – Umgang mit der Zeit

Im Betrieb von Peter ist mal wieder viel zu tun: Mehrere Aufträge müssen innerhalb einer Woche erledigt werden, einige dringend benötigte Lieferungen sind nicht gekommen, zwei Mitarbeiter sind wegen Krankheit ausgefallen, und die nächste Messe steht schon fast vor der Tür. Alle sind vollauf beschäftigt – aber nicht alle gehen gleich mit der ihnen zur Verfügung stehenden Zeit um. Am besten kommt Peter, der Rotdominante, mit dem Zeitdruck klar. Er läuft zur Höchstform auf und hat alles im Blick. «Wie machst du das nur?», fragt seine Frau Heidi, die Blaudominante. Normalerweise plant sie ruhig und ausgeglichen ihre zu erledigenden Arbeiten und trägt anschließend alles in ihr Zeitplanbuch ein. Auch für die Mitarbeiter des Betriebs stellt sie genaue Terminpläne auf, damit alle zur rechten Zeit auf der richtigen Baustelle sind. Wenn es allerdings drunter und drüber geht, so dass ihre Pläne nicht mehr greifen, ist sie frustriert, weil sie Angst hat, den Überblick zu verlieren. Den Zeitdruck mag sie nicht, und sie ist auch der Ansicht, wenn man mit einigen Dingen früher angefangen hätte, dann wäre jetzt die Zeit nicht so knapp. Franz, der gründominante Verkäufer, stellt keine Arbeitspläne auf. Er mag es, großzügig und ohne festes Raster die Zeit zu nutzen, ohne dabei in Eile oder Hektik zu verfallen. Manchmal wird er auch mit seinen Arbeiten nicht wie geplant fertig – so wie gestern, als er die von Heidi benötigte Kundenaufstellung mit wichtigen

Daten nicht rechtzeitig ablieferte und Heidi darum mit ihrer Arbeit auch nicht weiterkam. Heidi hat den Eindruck, dass es Franz an Durchblick und Übersicht bei seinen Aufgaben fehlt und er darum oft nicht rechtzeitig fertig wird. «Wenn er besser planen würde, käme er auch besser mit allem klar», denkt sie sich. Auch Peter findet den Arbeitsstil von Franz nicht effektiv, weil er ihm zu langsam ist. «Dem kann man ja im Gehen die Schuhe besohlen», denkt sich Peter, wenn er Franz bei der Arbeit zusieht.

Der Rotdominante ist der gegenwartsorientierte Typ, der den Augenblick erfasst und im Hier und Jetzt präsent ist. Rasches, zupackendes Handeln ist seine Sache, weshalb ihm Zeitdruck nichts ausmacht. Oft erbringt er sogar unter Zeitdruck die besten Ergebnisse, ohne den Überblick zu verlieren. Der Blaudominante ist zukunftsorientiert, er handelt nach vorab erstellten Plänen, und es bereitet ihm Schwierigkeiten, wenn seine detaillierten Pläne ins Rutschen geraten, so dass die Gefahr besteht, dass er nicht rechtzeitig mit allem fertig wird. Er möchte die Zeit in Ruhe einteilen, um dann genau nach Plan alles umzusetzen. Der Gründominante ist vergangenheitsorientiert und handelt auf der Basis früherer Erfahrungen. Manchmal kann er anderen darum als verträumt erscheinen. Generell neigt er dazu, langsam zu arbeiten. Großzügig und ohne festes Raster nutzt er die Zeit, ohne in Hektik oder Eile zu verfallen.

Entscheidungen treffen und Probleme lösen

Wie hätten Sie entschieden?

Dieter Kühn möchte sich einen neuen Computer kaufen. Zuerst verschafft er sich im Internet einen Überblick über die Geräte der verschiedenen Hersteller, ihre technische Ausstattung und ihre Preise. Anschließend geht er in ein Fachgeschäft und schaut sich die Computer, die er zuvor im Internet gefunden hat, an. Er kann sich aber noch nicht entscheiden, welcher der beste für ihn ist, deshalb sucht er noch ein zweites Geschäft auf. Wieder schaut er sich die PCs an, vergleicht die Preise im

Laden mit denen im Internet und führt ein kurzes Gespräch mit dem Verkäufer Martin Schuchard. Schnell stellt sich für ihn heraus, dass ihm Herr Schuchard nichts Neues sagen kann, was er nicht schon von seiner Internetrecherche wüsste. Der Kundenberater empfiehlt ihm ein bestimmtes Gerät. «Nehmen Sie den APQ 200C, er ist das Neueste und Beste, das es auf dem Markt zurzeit gibt! Wir haben erst gestern wieder drei Geräte bekommen und zwei sind schon verkauft. Greifen Sie zu, bevor es ein anderer tut!», versucht er Dieter Kühn zu überzeugen. Doch der ist skeptisch. Ist nicht der LWT 300P, den er im anderen Geschäft gesehen hat, doch besser? Immerhin war er 100 Euro billiger und hatte eine größere Festplatte. Der Kundenberater merkt, dass er bei Dieter Kühn mit seiner Empfehlung nicht landen kann. Und weil dieser offensichtlich auch schon alles weiß, was es über Computer zu wissen gibt, wendet er sich einem anderen Kunden zu und lässt Herrn Kühn mit seiner Entscheidung allein. Dieser sucht in der darauf folgenden Woche noch ein drittes Fachgeschäft auf, bis er sich schließlich entscheidet, das Gerät zu kaufen, das er im ersten Geschäft gesehen hat.

Petra Schuler, ebenfalls Computerlaie wie Herr Kühn, geht ganz anders vor. Auf dem Weg vom Arbeitsplatz nach Hause fällt ihr ein, dass sie ja noch einen neuen PC kaufen will. Schnell hält sie auf dem Heimweg mit dem Wagen vor dem Fachgeschäft, in dem auch Dieter Kühn gewesen ist. Sie lässt sich von Martin Schuchard beraten, und nach einem kurzen Gespräch empfiehlt er auch ihr dasselbe Gerät, den APQ 200C: «Der hat den größten Arbeitsspeicher, die dickste Festplatte und das flotteste Design.» Aha, merkt Frau Schuler, die «Kiste» hat offensichtlich die meiste Power, aber sie zögert noch. Der Kundenberater bemerkt dies, spürt aber auch, dass sie kaufwillig ist. Daher fährt er fort: «Wir haben gerade unsere Aktionswoche, und deshalb kann ich Ihnen ein besonderes Angebot machen: Wenn Sie sich noch heute zum Kauf entscheiden, lasse ich Ihnen das Gerät zu unserem speziellen Hauspreis und gebe Ihnen fünf Prozent Rabatt.» Da kann Frau Schuler nicht Nein sagen und greift schnell entschlossen zu. Als sie den Laden verlässt, hat sie das Gefühl, einen guten «Deal» gemacht zu haben.

Auch Hans Schröder ist auf der Suche nach einem neuen PC, und auch er landet im selben Geschäft wie Frau Schuler und Herr Kühn und wird von Martin Schuchard beraten. Nachdem dieser ihm verschiedene Geräte gezeigt und technische Einzelheiten erläutert hat, sagt er wieder sein schon bekanntes Sprüchlein auf: «Nehmen Sie den APQ 200C, er ist das Neueste und Beste, das es auf dem Markt zurzeit gibt! Wir haben erst gestern wieder drei Geräte bekommen und zwei sind schon verkauft. Greifen Sie zu, bevor es ein anderer tut!» Doch Herr Schröder zögert. «Wird es auch von der Stiftung Warentest empfohlen?», fragt er nach. «Empfohlen?», fragt Herr Schuchard erstaunt. «Ich sagte Ihnen ja, das Gerät ist erst ganz neu auf den Markt gekommen.» Und lachend fügt er hinzu: «Bevor Erfahrungsberichte in den Zeitschriften erscheinen, ist der APQ 200C schon wieder veraltet.»

Hans Schröder fühlt sich vom Kundenberater nicht ganz ernst genommen und sucht ein weiteres Geschäft auf, und zwar das, in dem Dieter Kühn schließlich nach einigen Umwegen seinen LWT 300P gekauft hat. Aber im Gegensatz zu Herrn Kühn fühlt sich Herr Schröder dort gar nicht wohl. «Das ist ja ein völlig anonymer Laden», denkt er sich, während er minutenlang vergeblich auf der Suche nach einem Verkäufer, der ihn beraten könnte, Ausschau hält und durch das Geschäft irrt. Es findet sich niemand, der Zeit oder die notwendige Fachkompetenz hätte, mit ihm ein persönliches Gespräch zu führen, und so verlässt er enttäuscht den Laden. Zu Hause angekommen, ruft er erst einmal seine Freunde an und fragt sie, welchen Computer sie ihm empfehlen können. In Absprache mit seiner Familie entscheidet er sich schließlich für einen, der sich nach Ansicht seiner Bekannten bewährt hat, und kauft ihn zusammen mit seiner Frau in einem Fachgeschäft, in dem er sich gut beraten fühlt.

Drei unterschiedliche Menschen und drei völlig unterschiedliche Entscheidungen, die auf ganz verschiedene Weise zustande gekommen sind, nämlich je nach Typ anders. Wie wären Sie selbst bei der Anschaffung des Computers vorgegangen: eher so wie Dieter Kühn, wie Petra Schuler oder wie Hans Schröder? Die jeweiligen

Typen der drei Hauptpersonen haben Sie sicher erkannt. Wenn nicht, die Lösung finden Sie auf Seite 185.

Warum fallen uns Entscheidungen manchmal so schwer? Da wird hin und her überlegt, das Problem von links nach rechts gewendet, und doch kommt man auf keinen grünen Zweig. Manchmal fühlt man sich in einem Dilemma gefangen und entscheidet gar nicht, was natürlich auch keine Lösung ist, denn dann entscheiden andere. Menschen finden immer Gründe, eine Entscheidung hinauszuzögern: die Angst, Fehler zu machen, die Angst vor Statusverlust, fehlende Informationen, Risikovermeidung oder Interessenkonflikte. Aus der Angst, Fehlentscheidungen zu treffen, entscheiden sie manchmal gar nicht. Die Gründe werden von den drei Typen ganz unterschiedlich bewertet.

Schnell entschlossen sind die Rotdominanten. Sie fackeln und zögern nicht lange – Hauptsache, sie haben das Gefühl, ein gutes Geschäft gemacht zu haben, so wie Petra Schuler, für die der Preisnachlass entscheidend war. Rotdominante sind *Impulskäufer.* Wenn sie außerdem sogar ein Gerät erwerben können, das auch noch ihrem Ego gut tut – Sie erinnern sich: der PC mit der meisten Power und dem tollsten Design –, dann sind sie rundum zufrieden. Blaudominante hingegen entscheiden sich schwer. Sie müssen mindestens eine Nacht über eine Entscheidung schlafen und wägen alle Für und Wider genauestens ab, und das kann unter Umständen zu vielen «Schleifen» führen, bis die Entscheidung endgültig gefallen ist. Es ist typisch für Blaudominante, dass sie bereits gut informiert sind, *bevor* sie das Geschäft betreten. Sie haben sich die wichtigsten Informationen schon vorher besorgt und sind darum als Käufer im Unterschied zu den beiden anderen Typen am wenigsten beeinflussbar. Sie sind die *aufgeklärtesten Käufer* und entscheiden eher logisch-rational. Es stört sie auch am wenigsten, in einem Geschäft zu kaufen, in dem es keine persönliche Beratung oder Betreuung gibt, denn sie gehen ohnehin eher fakten- und sachorientiert vor.

Gründominante entscheiden sich langsam. Als eher menschenorientierte Typen legen sie nicht nur den größten Wert auf persönliche Beratung, sondern auch darauf, «Bewährtes» zu kaufen. Darum konnte auch der Kundenberater, der Herrn Schröder etwas «Neues» verkaufen wollte, nicht bei ihm landen. Der Gründominante möchte sich vor seiner Entscheidung mit anderen austauschen können, selbst dann, wenn der Inhalt des Gesprächs eher belanglos ist. Er möchte auch beim Kauf nicht alleine sein, sondern bevorzugt es, wenn ein anderer mitkommt. Dann fühlt er sich «mutiger». Von allen Typen ist der Gründominante derjenige, der beim Kauf am meisten Wert auf *Service* legt. Ein Geschäft, das keine Serviceorientierung hat und ganz und gar auf Selbstbedienung ohne ausreichende Kaufberatung eingestellt ist, wird Gründominante schwer als Kunden gewinnen können.

Bei den Anmeldungen meiner Seminarteilnehmer kann ich mit großer Treffsicherheit auf Anhieb sagen, zu welchem Typ sie jeweils gehören: Wer sich spontan und kurz entschlossen bei mir anmeldet, ist rotdominant. Der Blaudominante hat die Teilnahme über Monate im voraus geplant und seine Termine entsprechend gelegt, damit er kommen kann. Und der Gründominante kommt fast immer auf Empfehlung anderer Teilnehmer.

Wissen Sie, welchen Typ der Verkäufer Martin Schuchard verkörpert? Er ist ein rot-blau-dominanter Typ. Bei allem Fachwissen, das er technisch mit- und die Verkaufsgespräche einbringt, tritt er engagiert auf, will schnell einen Verkaufserfolg sehen und – empfiehlt all seinen Kunden dasjenige Gerät, das er selbst kaufen würde. Schade! Denn so erreicht er nur die Kundin, die genauso tickt wie er selbst und die als Rotdominante überwiegend dieselben Entscheidungskriterien hat wie er. Dieses Problem haben viele Verkäufer, die merken, dass sie bei bestimmten Leuten nicht ankommen. Das liegt daran, dass sie ihre Kunden nicht nach Typen klassifizieren, sondern ganz selbstverständlich annehmen, andere dächten und handelten genauso wie sie selbst.

«Wenn es ein Geheimnis des Erfolgs gibt, dann ist es dieses: Den Standpunkt des anderen zu verstehen und die Dinge mit seinen Augen zu sehen.» (Henry Ford)

Ich habe einmal eine Firma beraten, die Wintergärten verkaufte. Der Firmenchef beschwerte sich, dass es ihm nicht gelänge, bestimmte potenzielle Käufer als Kunden zu gewinnen. Er veranstaltete mehrmals im Jahr Treffen für seine VIP-Kunden und VIP-Interessenten, erreichte aber damit nur die Rotdominanten. Ich riet ihm, in Zukunft Fachseminare über Wintergärten abzuhalten und Informationsbroschüren zu verschicken, anstatt nur Partys zu veranstalten. So erreichte er bald auch die Blaudominanten. Wie man als Verkäufer geschickt vorgehen kann, alle Typen *mit den richtigen Worten* anspricht und damit auch seine Erfolgsquote deutlich erhöht, das wird uns in Kapitel 5 noch ausführlich beschäftigen.

Ein mir befreundeter Arzt ließ sich von mir coachen, weil er nach einer Lösung suchte, neben seiner erfolgreich laufenden Arztpraxis mehr freie Zeit zu gewinnen. Ein gravierendes Problem vieler Arztpraxen besteht heute darin, dass aufgrund der großen Anzahl von Patienten für jeden einzelnen oft nur wenig Zeit für Gespräche und persönliche Beratung zur Verfügung steht. Aber brauchen unbedingt alle Patienten bei jedem Besuch das ausführliche Gespräch mit dem Arzt? Die Lösung für die Praxis kam aus der Erkenntnis, dass Patienten unterschiedlich ticken und damit auch unterschiedliche Bedürfnisse mit einem Arztbesuch verbinden. Besonderen Wert auf das persönliche Gespräch legen die Gründominanten, während die Rotdominanten glauben, das «Anrecht» zu haben, immer sofort behandelt zu werden – Hauptsache, es geht schnell, selbst wenn es weh tut. Wieder anders ticken die Blaudominanten, die gerne Faktenwissen über ihre Symptome und den Krankheitsverlauf haben möchten.

Der Arzt stellte daraufhin seine Praxis komplett um und ging bei der Behandlung anders vor als üblich: Als Erstes behandelt wurden die Rotdominanten, wobei der Arzt die bisher übliche Gesprächszeit deutlich verkürzen und gleich zur Behandlung übergehen konnte. Währenddessen mussten die blaudominanten Patienten warten, doch konnte die Zeit im Wartezimmer sinnvoll überbrückt werden, indem man ihnen Informationsbroschüren und anderes Material zu lesen gab. Sobald sie das Zimmer des Arztes betraten, waren sie nicht nur besser informiert und zufriedener, sondern die Besprechungszeit vor der Behandlung konnte ebenfalls deutlich verkürzt werden. Für die Gründominanten, die gerne reden und ihr Herz ausschütten möchten, standen zunächst Arzthelferinnen bereit, die ausführliche persönliche Gespräche mit ihnen führten. Auch dies brachte eine zeitliche Entlastung des Arztes, der sich deutlich mehr auf die Behandlung konzentrieren konnte. Die Umstellung der Arztpraxis auf dieses neue «System» war so erfolgreich, dass die Anzahl der Patienten innerhalb weniger Monate um 30 Prozent anwuchs.

«Geben Sie einem Menschen, was ihm wichtig ist, und er wird tun, was Sie sich von ihm wünschen.» (Stöger/Jäger 2004, S. 114)

Wie hätten Sie das Problem gelöst?

Zu Hause angekommen, stehen unsere drei Helden Dieter Kühn, Petra Schuler und Hans Schröder vor dem Problem, das wir alle kennen: Wie nimmt man als Computerlaie einen neuen PC in Betrieb, installiert die diversen Softwareprogramme, bringt den Drucker zum Laufen und stellt die Verbindung zum Internet her? Und wie transferiert man dann noch die Daten des alten Computers auf den neuen? Schwierigkeiten, die einen manchmal sich die Haare raufen lassen – und mit denen jeder Typ ganz unterschiedlich umgeht.

Dieter Kühn, der Blaudominante, liest zuerst sorgfältig die Bedienungsanleitung und die Installationsanweisungen, bevor er sich ans

Werk macht. Er versucht, den logischen Aufbau des Ganzen zu kapieren, und geht dann Schritt für Schritt vor. Bald jedoch stellt er fest, dass er nicht weiterkommt. Dann lässt er alles liegen und startet am nächsten Tag noch einmal neu. Konzentriert und intensiv liest er alles ein zweites, gegebenenfalls auch ein drittes Mal: Welches Detail hat er übersehen? Wo ist der logische Fehler? Wie muss das richtig gemacht werden? Bis dann der Computer wirklich zufriedenstellend läuft, kann es mehrere Tage dauern, denn Herr Kühn hat einen hohen Qualitätsanspruch. Bis alles läuft, hat er garantiert nicht nur seine Fehler, sondern auch die Fehler in der Bedienungsanleitung entdeckt. Vielleicht schreibt er anschließend sogar einen Brief an den Hersteller und macht ihm Vorschläge, wie er die Anleitung verbessern kann … Sein Problem hat er allein gelöst, durch gründliches Nachdenken und Vorgehen.

Petra Schuler, die Rotdominante, möchte am liebsten sofort mit ihrem neuen PC arbeiten. Doch leider funktioniert erst mal gar nichts. Sie wird ein wenig hektisch und probiert unsystematisch Verschiedenes zur Inbetriebnahme des Computers aus. Die Bedienungsanleitung und die Installationsanweisungen würdigt sie keines Blickes, was soll sie schließlich mit dem Papierkram anfangen? Genervt verliert sie die Geduld und ruft schließlich bei der Computer-Hotline eines renommierten Fachmanns in ihrer Stadt an. Weil sie seinen Ausführungen am Telefon nicht folgen kann, bittet sie ihn, zu ihr zu kommen und den Computer für sie betriebsbereit herzurichten, was er auch tut. Sie hat die Herausforderung gemeistert!

Auch Hans Schröder, der Gründominante, schafft es erst einmal nicht, seinen neuen Computer in Betrieb zu nehmen, weil er mit der Installiererei nicht zurecht kommt. Unsicher fragt er sich, ob er vielleicht doch das falsche Gerät gekauft hat und nicht ein anderes besser gewesen wäre. Mit seinem etwas schwächeren Blauanteil versucht er, sich in die Bedienungsanleitung zu vertiefen, aber was ihm wirklich Mut macht, ist der Zuspruch seiner Frau. «Du schaffst das schon», sagt sie und drückt ihm einen Kuss auf die Wange. Langsam macht sich Herr

Schröder mit dem Gerät vertraut, es geht nur schrittweise, aber dafür kontinuierlich und ökonomisch: Am ersten Tag installiert er das Betriebssystem, in den nächsten beiden Tagen die Softwareprogramme, dann den Drucker, und zuletzt funktioniert auch der Internetanschluss. Zwischendurch muss ihn seine Frau immer wieder ermutigen weiter zu machen und ihm zuhören, während er ihr die aktuellen Probleme mit dem Gerät genauestens erzählt.

Im Energieeinsatz, in der Problembewältigung wie auch in schwierigen Situationen, in denen man «unter Druck» steht, reagieren die Typen wieder ganz unterschiedlich. Der Rotdominante geht gezielt und kraftvoll vor, aber oft auch hektisch und vorschnell. Im Extremfall agiert er wie ein Helikopter: kommt schnell, macht viel Wind und ist gleich wieder verschwunden. Ihn motiviert die Herausforderung und er findet es aufregend, immer wieder eine gewisse Abwechslung zu haben, sonst wird es ihm langweilig. Probleme bewältigt er durch aktives Handeln. Unter Druck reagiert er manchmal aggressiv und verletzend.

Der Gründominante löst Probleme durch Zuspruch und Zuwendung, und das nicht nur im Privatleben sondern auch im Beruf. Leider wird das häufig in Betrieben nicht erkannt, und insbesondere Rotdominante versuchen, auch den Gründominanten durch «Herausforderungen» zu motivieren, was natürlich nicht gut gehen kann. Er fühlt sich dann unter Druck gesetzt, möglicherweise auch überfordert und reagiert verunsichert und nachgiebig. Seine Energien setzt der Gründominante stetig und ökonomisch ein und geht dabei langsam vor.

Den Blaudominanten motiviert der Qualitätsanspruch. Probleme bewältigt er durch innere Verarbeitung, und in seinem Energieeinsatz verfährt er konzentriert und intensiv, aber manchmal auch unökonomisch. Unter Druck wird er rechthaberisch und defensiv.

Verhaltensmerkmale			
	Rot	**Grün**	**Blau**
Entscheidungsverhalten	• Entscheidet schnell • Entscheidet im Interesse der Sache und des Egos	• Entscheidet langsam • Berücksichtigt die Interessen anderer	• Entscheidet schwer • Versucht, Für und Wider abzuwägen
Energieeinsatz	Gezielt und kraftvoll, manchmal hektisch und vorschnell	Stetig und ökonomisch, oft langsam	Konzentriert und intensiv, oft unökonomisch
Problembewältigung	Durch aktives Handeln	Durch Zuwendung und Zuspruch	Durch innere Verarbeitung
Verhalten unter Druck	Aggressiv, verletzend	Verunsichert, nachgiebig	Defensiv, rechthaberisch

(Nach Bambeck 1992, S. 82)

Verhalten in Gesprächen

Von Ehrgeizlingen, Weicheiern und Erbsenzählern

Viktor Appel, ein Rotdominanter, ist Unternehmer. Er hat über viele Jahre hinweg die Firma aufgebaut, die sein ganzer Stolz ist. So bald wie möglich möchte er in den Ruhestand gehen. Die Firma soll dann sein Sohn Roland, ein Gründominanter, übernehmen. Probeweise hat Roland schon mal für einige Wochen das Unternehmen geleitet, wenn der Vater in Urlaub war, aber danach gab es jedes Mal Krach. Nach Ansicht von Viktor ist sein Sohn ein «Weichei»: «Wenn du die Firma leitest, tanzen hier die Mäuse auf dem Tisch, und nichts geht vorwärts!», schimpft er mit seinem Sohn. «Nein, wenn ich die Firma leite, ist das Klima harmonisch! Du übergehst rücksichtslos die Interessen der Mit-

arbeiter, weil du um jeden Preis die Firma nach vorne bringen willst», *pariert der Sohn, der seinen Vater für einen Machtmenschen hält. Viktor Appel weiß nicht, was er machen soll. Seinen Sohn hält er für ungeeignet, die Geschäftsführung zu übernehmen – zu groß sind die Diskrepanzen im Führungsstil. Er denkt darüber nach, Wilhelm Acker die Firma zu übergeben, einer angestellten Führungskraft mit hoher Blaudominanz. «Gründlich und verlässlich ist er ja», überlegt Herr Appel, «aber seine Prinzipienreiterei geht mir auf die Nerven. Und bei den Mitarbeitern kommt er überhaupt nicht an. Für die ist er ein kalter Fisch.» Für Viktor Appel ist keine Lösung in Sicht.*

Viele Nachfolgeprobleme von Firmen – und natürlich auch ganz andere Probleme – und die damit oft verbundenen «Grabenkämpfe» resultieren daraus, dass die Beteiligten nicht verstehen, dass der andere völlig anders tickt – und, so möchte ich hinzufügen, auch anders ticken *darf.* Denn man sollte niemals von der Voraussetzung ausgehen, dass der andere genauso sein muss wie man selbst! Er hat immer das Recht, so zu sein, wie *er* sein *möchte* und wie es seinem Naturell entspricht. Doch wenn man in Menschenkenntnis und in Kommunikation nicht geschult ist, dann kommt es oft zu heftigen Auseinandersetzungen, bei denen einen am anderen natürlich genau die Dinge stören, die einem selbst nicht entsprechen. Denn wir haben nun einmal die Neigung, die Welt durch unsere eigene «Brille» zu sehen und durch den Wahrnehmungsfilter unseres eigenes Typs andere zu beurteilen: als gut oder schlecht, als positiv oder negativ. Besonders, wenn beim anderen die Eigenarten und Verhaltensweisen des jeweiligen Typs besonders ausgeprägt sind und starke Defizite bei einer Farbe bestehen, hagelt es in hitzigen Diskussionen manchmal Schimpfwörter und Negativbezeichnungen. Hier eine kleine Übersicht:

Negativbezeichnungen für die Typen		
Rot	**Grün**	**Blau**
Ehrgeizling	Softie	Erbsenzähler
Machtmensch	Weichei	Zinsli-Picker
Rücksichtslos	Warmduscher	Nervensäge
Harter Brocken	Schattenparker	Kalter Fisch
Platzhirsch	Seelchen	Querulant
Großmaul	Naivling	Meckerbolzen
Angeber	Quasselstrippe	Prinzipienreiter
Draufgänger	Plaudertasche	Kontrolletti
Hitzkopf	Lahma...	Klugsch...

(Teilweise nach Bambeck 1992, S. 83)

Es ist schon viel gewonnen, wenn wir uns solche negativen Bezeichnungen ersparen – und dafür in Zukunft lieber über unsere Verschiedenheiten lachen! Es verursacht viele überflüssige emotionale Verletzungen, die gewiss nicht dazu beitragen, den Alltag mit Schwung zu bewältigen. Bei Firmenübernahmen ereignen sich häufig Tragödien, weil der Inhaber eine Erwartungshaltung hat, die der Nachfolger, meist ein Familienmitglied, von seinem Typ her gar nicht erfüllen kann.

Was die Nachfolgeprobleme in Firmen angeht, so gibt es nur zwei Möglichkeiten:

- Entweder der Inhaber lässt vollkommen los, wenn er das Unternehmen übergibt. Das heißt, er mischt sich nicht ein und bewertet auch nicht, wie sein Nachfolger die Firma führt. Das fällt vielen extrem schwer.
- Oder das Problem wird auf der kommunikativen Ebene gelöst.

Pfiffig hat es ein mir bekannter Unternehmer gemacht: Sein Vater, ein Rotdominanter, hatte ihm versprochen, ihn zu einem bestimmten Zeitpunkt X die Geschäftsleitung zu übergeben. Der Sohn, ein Rot-Blauer, merkte sich genau den Termin. An dem betreffenden Tag fand eine Sitzung der Führungskräfte statt, aber der Vater machte keine Anstalten, etwas über den Wechsel in der Geschäftsleitung zu sagen. Er hatte im Übrigen auch den Termin und seine Zusage schon längst wieder vergessen. Schließlich ergriff sein Sohn gegen Ende der Sitzung das Wort: «Vater, du wolltest doch noch etwas sagen.» «Was wollte ich sagen?», fragte dieser. «Du wolltest bekanntgeben, dass ich ab heute die Firma übernehme.» Im Sitzungsraum konnte man eine Stecknadel fallen hören. Der Vater wehrte sich mit Händen und Füßen und wollte sogar seinem Sohn Redeverbot erteilen, doch der Sohn pochte klipp und klar darauf, dass es so besprochen sei. Der Vater konnte sich daran erinnern und musste schließlich nachgeben und akzeptieren, dass sein Sohn die Geschäftsführung ab sofort übernahm.

Kommunizieren mit Strategie

Die Qualität unserer Kommunikation bestimmt weitgehend die Qualität unseres Lebens. Wenn Sie sich an Ihre Schulzeit erinnern, welche Art von Kommunikation wurde Ihnen beigebracht? Wahrscheinlich haben Sie viel Zeit damit verbracht, Wortbedeutungen zu verstehen, aber wenig bis gar keine damit, eine Beziehung zum Gegenüber aufzubauen. Um auf der verbalen Ebene wirkungsvoll zu kommunizieren, müssen sich alle beteiligten Gesprächspartner zunächst einmal wohlfühlen. Das ist der Fall, wenn Sie eine *Gewinnsituation* erzeugen. Am Tisch beispielsweise sollten beide Gesprächspartner sich nicht direkt gegenübersitzen, insbesondere dann nicht, wenn es um Verhandlungen oder schwierige Gespräche geht oder Sie Ihren Gesprächspartner noch gar nicht kennen. Stellen Sie sich vor, Sie wollen Ihrem Gegenüber etwas verkaufen – auch im übertragenen Sinne gemeint: ihn von etwas überzeugen –, sitzen ihm direkt gegenüber und fixieren ihn womöglich auch noch mit den Augen. Wenn Ihr Gegenüber ein Rotdominanter ist, wird er die

Situation als Herausforderung sehen und schauen, ob er am längeren Hebel sitzt als Sie. Dementsprechend wird das Gespräch sich zu einem Kräftemessen entwickeln, bei dem offen ist, wer gewinnt. Ist Ihr Gegenüber jedoch ein Gründominanter, wird er sich möglicherweise unter Druck gesetzt und eingeschüchtert fühlen, so dass Sie kaum gemeinsame Wege mit ihm gehen werden. Der Blaudominante wird vermutlich Ihrem direkten Blick dauernd ausweichen und in den Unterlagen auf seinem Tisch kramen. Viel günstiger ist es, wenn beide Gesprächspartner über Eck Platz nehmen. Wenn sie nebeneinander sitzen, wird ein Wir-Gefühl hergestellt, das der Gründominante besonders schätzt.

Erinnern Sie sich an ein Gespräch, das für Sie wirklich gut verlaufen ist. Überlegen Sie genau, worin die Qualität des Gesprächs für Sie lag. Lag es an den Gesprächsinhalten oder eher daran, dass Sie sich einfach verstanden und akzeptiert gefühlt haben? Oft sind es Harmonie und Gleichklang, die den Erfolg ausmachen.

Je stärker Sie die Natur Ihres Gesprächspartners und seine Bedürfnisse berücksichtigen, desto harmonischer und erfolgreicher verläuft Ihre Kommunikation. Das bedeutet, den Typ des Gegenübers (und seinen eigenen) zu kennen, ihn dementsprechend anzureden und sich zu verhalten. Auf diese Weise wird dafür gesorgt, dass die «Wellenlänge», also die «Chemie», stimmt.

Gegenüber dem *rotdominanten* Gesprächspartner sollten Sie Kompetenz und Selbstbewusstsein zeigen. Machen Sie ihm klar, dass Sie ein gleichwertiger Partner sind. Bei der Begrüßung kommt ein kräftiger Händedruck gut an. Es kann sein, dass er freundlich ist, doch hat das nicht allzu viel zu bedeuten, denn eine vertrauensvolle Atmosphäre ist für ihn sekundär. Der Rotdominante möchte die Kontrolle über das Gespräch, also geben Sie ihm das Gefühl, dass er sie hat. Bleiben Sie gelassen, wenn er Sie persönlich angreift, und rechnen Sie mit seinem Widerspruch und mit geringer Geduld. Lassen

Sie sich auf keinen Fall provozieren, denn für ihn zählt vor allem das Ergebnis. Vermeiden Sie Plaudereien aus dem privaten Bereich und «Smalltalk», und kommen Sie stattdessen gleich zur Sache. Stellen Sie offene Fragen, um ihn bei der Stange zu halten. Wenn Sie schriftliche Unterlagen mitgebracht haben, dann zeigen Sie ihm solche, mit denen er «alles auf einen Blick» wahrnehmen kann, also z. B. Pläne und grafische Darstellungen. Entscheidend ist für den Rotdominanten, dass er seinen Nutzen schnell erkennt. Er braucht nur die entscheidenden Argumente, keine weitschweifigen Ausführungen. Betonen Sie seine Vorteile und alles, was ihm Macht, Prestige und Einfluss bringt. Signalwörter, auf die er reagiert, sind: «Ergebnisse», «unter dem Strich», «sofort», «schnell» und «exklusiv».

Wenn Sie selbst rotdominant sind, sollte es Ihnen nicht schwerfallen, sich auf Ihr Gegenüber einzustellen, denn Sie ticken genauso. Wenn Sie selbst blaudominant sind, sollten Sie sich mit schriftlichen Referenzen, Beweisen, wissenschaftlichen Ergebnissen und Hintergründen zurückhalten. Überlegen Sie stattdessen schon vor dem Gespräch: Was ist das Wesentliche, das Sie Ihrem Gesprächspartner nahe bringen wollen? Und welches Ergebnis möchten Sie? Steuern Sie im Gespräch zielstrebig auf Ihr gewünschtes Resultat zu. Was Sie mit Ihrem Gesprächspartner teilen, ist die Sachorientierung. Bleiben Sie also auf die Sache konzentriert, selbst wenn Sie den Eindruck haben, dass Ihr Gesprächspartner Sie persönlich attackiert.

Im Umgang mit dem *gründominanten* Gesprächspartner ist es am wichtigsten, dass Sie sein Vertrauen gewinnen. Gehen Sie freundlich mit ihm um, und lassen Sie ihn spüren, dass Sie es ehrlich meinen. Nehmen Sie sich Zeit, um sein Vertrauen zu gewinnen. Das können Sie tun, indem Sie Persönliches von sich einbringen. Smalltalk und Gespräche über private Interessen sind also in jeder Hinsicht vorteilhaft. Es kann sein, dass Ihr Gegenüber zu Anfang durchaus etwas reserviert ist. Wenn er jedoch weiß, wer Sie sind, wird er «auftauen». Für den gründominanten Typ zählen Sie als Mensch, nicht als Fachmann. Für ihn macht der Ton die Musik. Dementsprechend ist auch die Sache, um die es im Gespräch geht, für ihn weniger wichtig. Wenn er Vertrauen in Sie als Mensch hat, geht die sachliche Seite schon in Ordnung. Hören Sie Ihrem Gesprächspartner aufmerksam zu, aber achten Sie darauf, das Gesprächsziel nicht aus den Augen zu verlieren. Bringen Sie ihn durch Zwischenfragen immer wieder auf das Thema zurück, aber vermeiden Sie offene Fragen, zu denen er endlos erzählen wird. Gehen Sie langsam und behutsam vor, wenn Sie ihn überzeugen wollen. Da er wie ein aufgeschlagenes Buch ist, merken Sie auch an seiner Körpersprache, ob er Ihnen noch folgt. Wendet er seinen Blick ab, hat er kein Interesse. Vermeiden Sie es, Druck auf ihn auszuüben. Schwierig ist es, vom Gründominanten eine verbindliche Zusage zu bekommen. Stellen Sie daher Fragen, um seine gegebenenfalls vorhandenen Einwände gegen Ihre Vorschläge zu erfahren. Vermeiden Sie auch, ihn vor Alternativen zu stellen, denn das zögert die Entscheidung länger hinaus. Benutzen Sie beruhigende Formulierungen wie: «Machen Sie sich in aller Ruhe Gedanken darüber», «Das hilft weiter» oder: «Wir sollten die Sache Schritt für Schritt angehen.» – Übrigens eignet sich der Gründominante aufgrund seines Naturells sehr gut als Vermittler zwischen zwei Parteien in schwierigen Verhandlungssituationen: Er kann streitende Parteien sehr gut beschwichtigen, dafür sorgen, dass sich die Hitzköpfe wieder abkühlen und dass eine vertrauensvolle Atmosphäre entsteht.

Als Gründominanter haben Sie mit Ihrem gleich tickenden Partner keine Probleme. Achten Sie aber selbst darauf, dass Ihr Gespräch zu einem Ergebnis kommt, damit es nicht in Plaudereien ausufert. Als Rotdominanter müssen Sie sich stark zurücknehmen, sonst erscheinen Sie Ihrem Partner als laut, aufdringlich, direkt und aggressiv. Dann kann er kein Vertrauen zu Ihnen aufbauen, und das Gespräch wird im Sande verlaufen. Als Blaudominanter sollten Sie Ihren Blick von der Sache, um die es Ihnen geht, lösen. Betrachten Sie Ihr Gegenüber als Mensch und lenken Sie Ihre Aufmerksamkeit durchaus auf Privates und Persönliches. Wenn es Ihnen schwerfällt, über solche Dinge zu sprechen, dann bringen Sie Ihrem Gesprächspartner ein kleines unverfängliches Geschenk mit, über das er sich freut und das einen Anknüpfungspunkt für eine Unterhaltung bietet. Dies ist auch eine Möglichkeit für den Rotdominanten, Vertrauen aufzubauen. Oder versuchen Sie, die Hobbys Ihres Gesprächspartners herauszufinden. Je entspannter und lockerer Sie dem Gründominanten gegenüber auftreten, desto eher wird er Ihnen vertrauen, und Sie werden dann ganz leicht zu einem Ergebnis kommen, wobei er an den Details der Sache sowieso nicht interessiert ist. Es kann allerdings sein, dass Sie erst beim zweiten Besuch ein Ergebnis erzielen.

Das Gespräch mit dem *Blaudominanten* könnte für Sie anstrengend werden, wenn Sie nicht gerade selbst blaudominant sind. Sie sollten auf jeden Fall bestens vorbereitet und gut informiert sein und viele schriftliche Unterlagen mitbringen. Der Blaudominante möchte recht schnell feststellen, ob Sie für die Sache, um die es geht, kompetent sind und sich der Aufwand für ihn lohnt. Hat er den Eindruck, dass Sie nicht gut Bescheid wissen oder weniger wissen als er selbst, dann wird er unter Umständen das Gespräch zügig zu einem Ende bringen, weil er keinen Vorteil für sich sieht. Die Atmosphäre im Gespräch mit einem Blaudominanten ist eher kühl, und Sie werden sie auch nicht mit «lockeren Sprüchen» erwärmen können. Vermeiden Sie also eine Unterhaltung über Privates oder Persönliches und konzentrieren Sie sich auf die Sache, um die es geht. Gehen Sie im Gespräch systematisch vor: Planen Sie, was Sie in welcher Reihenfolge vorbringen möchten. Machen Sie sich nichts daraus, wenn Ihr Gesprächspartner schweigt, kritische Fragen stellt oder sein undurchschaubares «Pokerface» aufsetzt. Gehen Sie immer davon aus, dass er mitdenkt, auch wenn er nichts sagt. Bringen Sie so viel schriftliches Material wie möglich mit (Handouts, Broschüren, Studien, Pläne, Skizzen), das Sie Ihrem Gesprächspartner zur Lektüre da lassen. Bereiten Sie sich auf sachliche Einwände vor und halten Sie sich an Fakten und Beweise. Ihre Informationen sollten so detailliert und ausführlich wie möglich sein. Stellen Sie Fragen, um ihn aus der Reserve zu locken und seine Einwände zu erfahren. Formulierungen, die gut bei ihm ankommen, sind z. B.: «Dies entspricht Ihrem hohen Qualitätsanspruch», «Lassen Sie uns alle Alternativen bedenken» oder «Das sind die Fakten».

Wenn Sie als Rotdominanter ein Gespräch mit einem Blaudominanten führen, dann halten Sie sich mit Ihrem Temperament am besten etwas zurück. Bleiben Sie formell, was auch für den Gründominanten angebracht ist. Sowohl für Grün- als auch für Rotdominante gilt: Sie sollten im Gespräch mit einem Blautyp über Ihr Thema exzellent Bescheid wissen, im Zweifelsfall lieber noch einmal die Unterlagen genau studieren oder sich der Möglichkeit versichern, während Ihres Gesprächs einen Experten anzurufen, der eventuelle Fragen sofort beantworten kann. Halbheiten oder Halbwissen wird Ihnen der Blaudominante nämlich nicht durchgehen lassen. Als Rotdominanter sollten Sie nicht zu schnell vorgehen im Gespräch, sonst fühlt sich Ihr Gesprächspartner überfahren; bei Gründominanten ist es umgekehrt: Seien Sie nicht zu langsam und konzentrieren Sie sich vor allem stärker auf die Sache als auf den Menschen oder auf Persönliches. Seien Sie als Gründominanter bestrebt, dass Ihr Gespräch ein klares Ziel und ein Ergebnis hat, sonst weiß Ihr Gesprächspartner nicht, was Sie überhaupt von ihm wollen. Für Smalltalk fehlt ihm jegliche Ader.

Zum Abschluss einige nicht ganz ernst gemeinte Hinweise zum Umgang mit den drei Typen in Verhandlungssituationen (ich verdanke sie wie auch die obigen Ausführungen Siegfried Gsell, S. 202 ff.):

- Wenn Sie einen *blauen* Gesprächspartner überzeugen wollen, müssen Sie ihm versichern, dass Sie alle vier Tischbeine ganz gewissenhaft auf ihre Standfestigkeit überprüft haben.
- Wenn Sie einen *roten* Gesprächspartner überzeugen wollen,

müssen Sie so schnell sein, dass er glaubt, der Erste zu sein, der auf diese Weise ein Formel-1-Rennen gewinnt.

- Wenn Sie einen *grünen* Gesprächspartner überzeugen wollen, müssen Sie das so anstellen, dass er die durch die Reibung entstehende Hitze als Nestwärme empfindet.

Verhaltensmerkmale			
	Rot	**Grün**	**Blau**
Kommunikations-verhalten	Initiator Angreifer	Vermittler Beschwichtiger	Perfektionist Kritiker
Verhalten in Verhandlungen	Direkt Kompromisslos	Indirekt Großzügig	Zäh Gründlich

(Nach Bambeck 1992, S. 82)

4. Das Ticken genau beobachten – Menschen nach ihrem Äußeren einschätzen

«Nichts ist im Verstand, was nicht zuvor in der Wahrnehmung wäre.»
(Arabisches Sprichwort)

Die Typen nach ihrem Körperbau

Bisher haben wir uns darin geübt, das Ticken der Menschen an ihren typischen Verhaltensweisen in Alltag und Beruf zu erkennen, zum Teil auch an den damit verbundenen Kommunikationsmustern. In diesem Kapitel lernen Sie noch weitere Merkmale kennen, an denen Sie die drei Typen erkennen können, und zwar äußere Merkmale, die das Aussehen betreffen: Gesicht, Körperproportionen, Hände und Handgelenke, Haltung und Bewegung. Damit haben Sie zwei Vorteile:

- Sie können Ihre Verhaltensbeobachtungen an Menschen auf ihre Richtigkeit überprüfen, indem Sie das Äußere als weiteres Merkmal hinzunehmen.
- Sie können Menschen noch besser *auf Anhieb* erkennen, auch wenn Sie noch keine Gelegenheit hatten, ihnen zuzuhören oder ihr Verhalten in Alltagssituationen zu beobachten.

Außer am Telefon ist es sehr hilfreich, Menschen bereits an ihrem Äußeren zu erkennen und einzuschätzen. Sie wissen dann sofort, wie Sie sich auf Ihr Gegenüber einstellen müssen, und können dementsprechend agieren, noch bevor der andere etwas gesagt hat. Wir werden in diesem Kapitel anhand zahlreicher Fotos die charakteristischen Merkmale der drei Typen zeigen, und Sie

Der endomorphe Typ

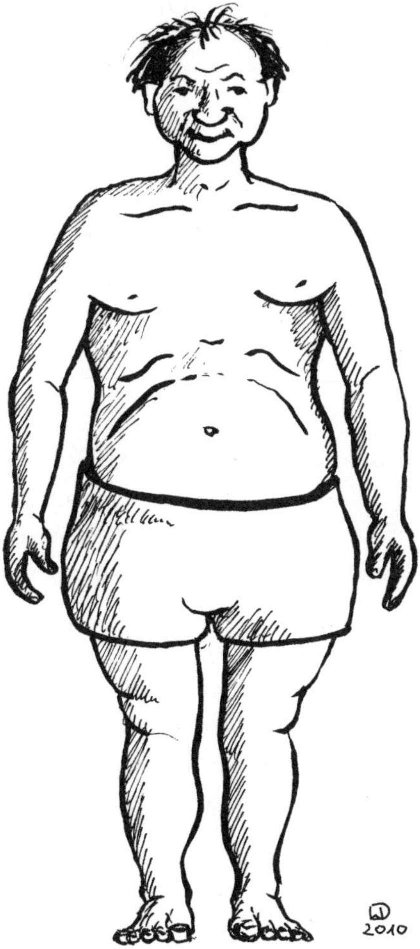

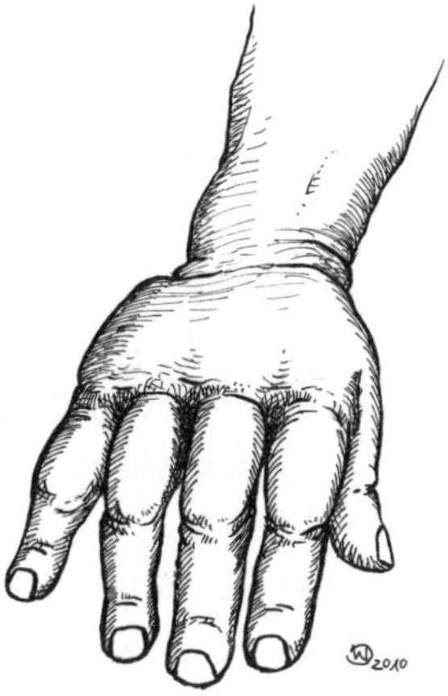

haben die Möglichkeit, Ihr frisch erworbenes Wissen selbst zu prüfen.

Der amerikanische Mediziner und Psychologe William Herbert Sheldon hat eine Typologie von Konstitutionstypen aufgestellt, die sich an den Körperformen orientiert und mit diesen jeweils bestimmte psychische Eigenschaften verbindet. Das Besondere daran: Der Vergleich des Drei-Hirne-Modells von MacLean mit dem Konstitutionsmodell von Sheldon zeigt verblüffende Übereinstimmungen, die es uns erlauben, vom Körperbau Rückschlüsse auf den jeweiligen Typ zu ziehen. Sheldon unterscheidet drei Konstitutionstypen: den endomorphen, den mesomorphen und den ektomorphen. Sein Modell wird des öfteren in der Sportmedizin angewendet, um Trainingsprogramme zu erstellen.

Der endomorphe Typ

Körperbau und Gesicht des endomorphen Typs sind rundlich und weich, sein Knochenbau ist eher schwach. Der Körperschwerpunkt liegt im Bauchbereich, und oft neigt dieser Typ zu Übergewicht. Die Finger sind eher kurz, klein, weich und die Handgelenke schwach. Die Muskulatur ist eher schwach ausgeprägt, die Haut weich und glatt. Sheldon bescheinigt dem endomorphen Typ, dass er entspannt und gesellig wirkt. – Typische Vertreter sind: Danny de Vito, Dirk Bach, Norbert Blüm, Otto Stich (Schweizer Ex-Bundesrat), Ruth Dreifuss (Schweizer Ex-Bundesrätin), Helmut Kohl, Hans-Dietrich Genscher, Ottfried Fischer, Heinz Ehrhardt (Komiker und Schauspieler) und Angela Merkel.

Der mesomorphe Typ

Hervorstechend beim mesomorphen Typ ist der breite, kräftige Körperbau und eine gut entwickelte Muskulatur. Der körperliche Schwerpunkt liegt im Brust- und Schulterbereich. Das Gesicht hat markante Züge und oft eine deutlich ausgeprägte Kinnpartie. Hände

Der mesomorphe Typ

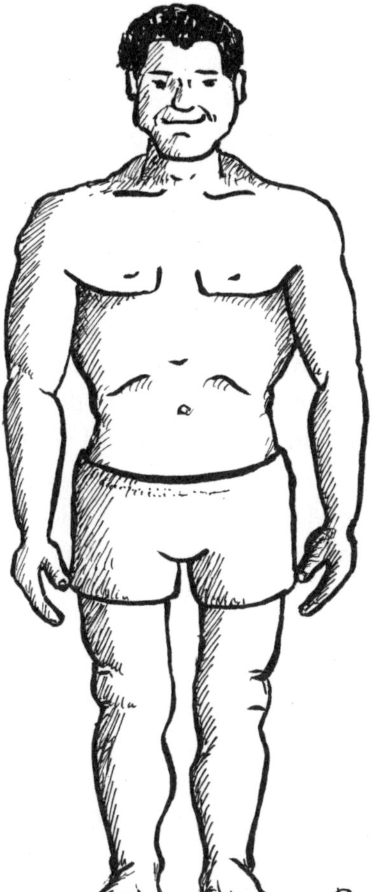

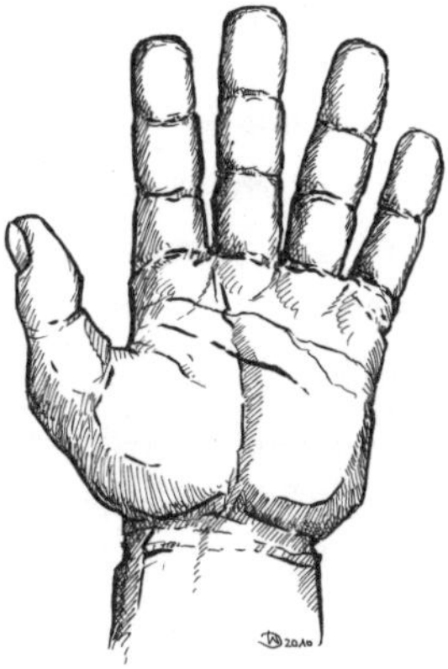

und Füße sind groß, die Handgelenke kräftig. Das Gewebe ist hart und straff. Insgesamt wirkt der mesomorphe Typ von seinem äußeren Erscheinungsbild athletisch und sportlich. Sheldon spricht diesem Typ Energie und Durchsetzungsvermögen zu. – Typische Vertreter sind: Arnold Schwarzenegger, Donald Trump, die Tennislegende Roger Federer, Sylvester Stallone, Burt Reynolds, Götz George, der Skiabfahrtsweltmeister Hermann Maier, Gerhard Schröder, Whoopie Goldberg, Tina Turner, Thomas Gottschalk, der Schweizer Ex-Bundesrat Christoph Blocher, Dieter Bohlen und der Begründer von Red Bull Dietrich Mateschitz.

Der ektomorphe Typ

Der ektomorphe Typ ist von seinem Körperbau her schmal, zart und feingliedrig. Die Arme und Handgelenke sind ebenfalls schmal, die Finger eher lang. Das Gesicht sieht schmal aus und die Stirn erscheint hoch. Das Kinn ist schmal und spitz, das Gewebe dünn und zart. Nach Sheldon ist der ektomorphe Typ intellektuell veranlagt und eher introvertiert. – Typische Vertreter sind: Naomi Campbell, Claudia Schiffer, Kate Moss, der Magier David Copperfield, der Komiker Otto Waalkes, der ehemalige Daimler-Chef Edzard Reuter, Ronald Reagan, Günther Jauch, Barack Obama und der Formel-1-Chef Bernie Ecclestone.

Sie haben natürlich längst erkannt, welchem der drei Konstitutionstypen jeweils welcher Typ nach dem Drei-Hirne-Modell entspricht:

Zuordnung zwischen Sheldons Modell (Körperform) und MacLeans Modell (drei Hirne):

- Der endomorphe Typ entspricht dem Gründominanten,
- der mesomorphe Typ dem Rotdominanten und
- der ektomorphe Typ dem Blaudominanten.

Der ektomorphe Typ

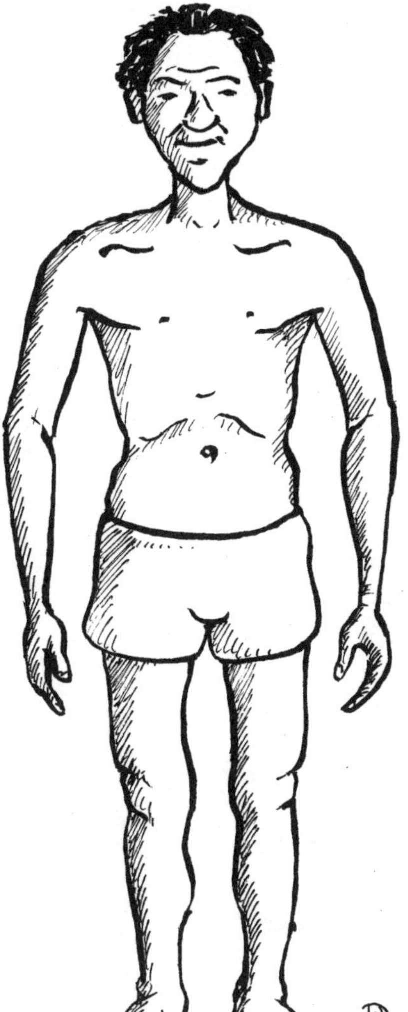

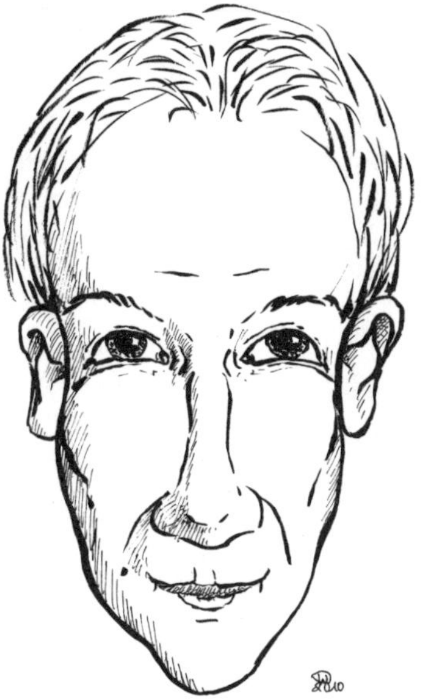

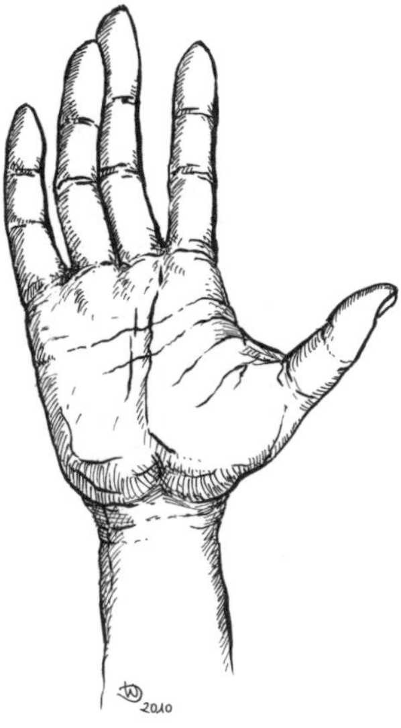

Sheldon hat ebenfalls festgestellt, dass diese drei Typen nur selten in reiner Form auftreten und sich häufig Mischtypen finden, bei denen neben einem stark dominanten Anteil ein zweiter, etwas schwächerer Anteil hinzukommt, also eine Doppeldominanz vorliegt. Zum Beispiel lässt sich der Schauspieler Horst Tappert als eine Mischung des ektomorphen und des endomorphen Typs (blau-grün bzw. türkis) erkennen.

Auch diese Typ-Einteilung von Sheldon bitte ich Sie nicht als «letztgültige Wahrheit» zu betrachten, sondern als Modell, das ähnlich wie das Drei-Hirne-Modell praktische Menschenkenntnis im Alltag ermöglicht und einen «Wahrheitsgehalt» von etwa 70 bis 80 Prozent aufweist. Uns geht es ja hier nicht um eine hundertprozentig korrekte wissenschaftliche Klassifizierung, sondern um ein alltagstaugliches Modell, das uns hilft, Menschen auf Anhieb, ohne komplizierte und langwierige Analysen, richtig einzuschätzen und mit ihnen umzugehen.

Eine humorvolle (Über-)Zeichnung des jeweiligen äußeren Erscheinungsbildes unserer drei Typen ist die folgende Darstellung:

Wenn die Schnittchen sprechen – das typische Essverhalten

Zu seinem Geburtstag hat Guido seine Freunde Dieter, Iris und Susanne zum Essen in ein thailändisches Restaurant eingeladen. Fröhlich plaudernd lassen sie sich auf den Stühlen nieder und nehmen ihre Speisekarten vom Ober entgegen. Dieter hat noch nie thailändisch gegessen und freut sich auf die neue Erfahrung. Weil er kurz vor dem Treffen Tennis gespielt hat, ist er nun richtig hungrig und bestellt sich ein üppiges Drei-Gänge-Menü. Er ist gespannt, welche Leckereien ihn erwarten.

Beim Blick in die Speisekarte hat die schlanke Iris wie so oft das Gefühl, dass ein komplettes Menü ihr zu viel ist und sie es nicht aufessen kann. Während sie den Ober fragt, was sich hinter den seltsamen Namen für diverse Gerichte verbirgt, blättert Susanne mit ihren feingliedrigen Fingern in der Speisekarte und unterhält sich dabei angeregt mit Guido. «Was kannst du mir denn empfehlen?», fragt sie ihn. «Mir schmeckt hier immer Tom Yum Gung und Geang Kiuw Waan Gai am besten», empfiehlt er ihr. «Ist das eine große Portion?», fragt sie weiter. «Eher mittelgroß», meint Guido. Unschlüssig schaut Susanne in die Runde: «Wofür habt ihr euch denn entschieden?» Dieter schwärmt für sein Drei-Gänge-Menü, was Iris und Susanne zu der Bemerkung veranlasst: «Aha, das scheint ja richtig gut zu schmecken!» Lachend meint Dieter: «Ich habe das noch nie zuvor gegessen, aber ich werde es mir schon schmecken lassen.» Diese Bemerkung verwundert Iris und Susanne, und in Gedanken fragen sich beide: Wie kann man nur etwas bestellen, das man überhaupt nicht kennt? Für Susanne ist das Essen sowieso nicht so wichtig, sie ist in erster Linie mitgekommen, um Guido wiederzusehen. Während sich Iris nur für eine Hauptspeise entscheidet, nimmt Susanne eines der weniger üppigen Gerichte, die ihr Guido empfohlen hat. Guido selbst bestellt sich das Menü mit Nachtisch, das er beim letzten Mal auch schon in diesem Restaurant genossen hat.

So verschieden wie in ihrem Körperbau sind die drei Typen auch in ihrem Essverhalten. Haben Sie die Typen in der Geschichte erkannt? Wenn nicht, die Auflösung finden Sie wie immer auf Seite 185. Vielleicht haben Sie inzwischen schon einmal an sich selbst heruntergeschaut und festgestellt, ob Ihr Typ, den Sie im ersten Kapitel mit Hilfe des Selbsttests ermittelt haben, mit Ihrem Körperbau übereinstimmt. Falls Sie noch nicht ganz sicher sind, haben Sie jetzt Gelegenheit zu einer weiteren Überprüfung.

Der Gründominante neigt von allen Typen am ehesten zur Korpulenz. Er ist derjenige, mit dem buchstäblich «die Schnittchen sprechen». An Büffets und Leckereien kann er nur schwer vorbeigehen, denn Essen ist für ihn auch ein Ausdruck von Lebensqualität: Es hält «Leib und Seele zusammen». Er ist von allen Typen dem Essen am meisten zugetan und ein richtiger Genießer. Gerne isst er auswärts in Gesellschaft anderer und geht dabei am liebsten in bekannte Restaurants. Den Traum vom «Waschbrettbauch» kann der Gründominante vergessen – nicht nur, weil er das Essen zu sehr schätzt, sondern auch weil seine Muskulatur nicht ausgeprägt genug ist, um sich durch Körpertraining zu entwickeln. Es sei denn, er ist ein grün-roter Mischtyp.

Den Waschbrettbauch kann am ehesten der Rotdominante mit Erfolg trainieren, denn selbst wenn er ein Gern- und Vielesser ist, so hat er doch eine ausgeprägte Muskulatur. Der Rotdominante ist auch ein Gourmet, liebt die Abwechslung und probiert gerne Unbekanntes aus. Mit Vorliebe erkundet er auch neue Restaurants. Der Blaudominante ist von allen Typen dem Essen am wenigsten zugetan. Er ist schlank und manchmal auch untergewichtig. Essen hat für ihn überwiegend die Funktion der Nahrungsaufnahme, und seine Mahlzeiten sind wenig anspruchsvoll.

Äußere Merkmale			
	Rot	**Grün**	**Blau**
Gesicht	Hauptmerkmal: Markant und kräftig – Konturen sind eckig, kantig, Kinnpartie ist besonders kräftig	Hauptmerkmal: Rund und weich – Konturen sind rund, Lippen voll	Hauptmerkmal: Schmal und dünn – Konturen zart, Form spitz, Kinnpartie schmal, Stirn hoch
Haut	Dickere Haut, bräunt leicht, neigt zur frühen Ausbildung von Falten	Weiche Haut, weniger Faltenbildung	Dünn, empfindlich, viele feinste Fältchen, sichtbare Äderchen
Proportionen	Hauptmerkmale: Kräftig und straff – Körperschwerpunkt hoch, Brustbereich stärker ausgeprägt als Bauch, Becken, Gesäß – wenn überhaupt, Tendenz zum Übergewicht erst in späteren Jahren	Hauptmerkmale: Rund und weich – Körperschwerpunkt tief, Bauch, Becken und Gesäß stärker ausgeprägt als Brust-Schulter-Bereich, Tendenz zum Übergewicht zeigt sich bereits früh	Hauptmerkmale: Schmal und feingliedrig – kein Körperschwerpunkt, Schulter und Becken sind schmal, Gestalt ist lang und schlank, meist konstantes Gewicht, eher unter Normalgewicht

Die Körpersprache des Gegenübers verstehen

Der Körper lügt nicht, denn nur wenige Menschen sind, wenn überhaupt, in der Lage, ihre Körperreaktionen absolut zu kontrollieren. Darum kann es sehr aufschlussreich sein, nicht nur den Körper*bau* des Gegenübers zu studieren, sondern auch die Körper*sprache*. Beobachten Sie beispielsweise einmal, was Ihr Gegenüber mit seinen Händen tut, während er mit Ihnen spricht: Hat er eine lebhafte Gestik, ruhen seine Hände einfach nur im Schoß oder macht er fahrige Handbewegungen? Dazu wie immer eine kleine Geschichte, an der Sie lernen können, die Typen zu erkennen – diesmal «ohne Ton», damit Sie nur auf die Körperbewegungen achten.

Im Büro ist «dicke Luft»: Die Mitarbeiter haben das geplante Konzept nicht termingerecht fertiggestellt, und der Chef ist «sauer». Er hat alle in sein Büro zitiert, um die Sache zu besprechen. Der Chef sitzt bereits in seinem Sessel, als Rita Hein, Urs Stämpfli und Mustafa Kussero das Büro betreten. Er macht keine Anstalten, ihnen die Hand zu geben. Frau Hein schaut etwas betreten drein und begrüßt Herrn Kussero mit einem schwachen, leicht feuchten Händedruck, bevor sie Platz nimmt. Kurz darauf kommt auch Herr Stämpfli zur Tür herein und begrüßt seine Kollegen mit einem festen, kräftigen Händedruck.

Während der Chef in beherrschtem Ton seinen Unmut äußert, gleitet er mit seinen Händen immer wieder durch seine Haare. Frau Hein sitzt entspannt und relativ unbewegt in ihrem Sessel, doch ist ihr die emotionale Betroffenheit deutlich anzumerken. Mehrmals greift sie sich an die Nase. Auch Herr Kussero ist natürlich über die ganze Sache nicht erfreut, er sitzt steif in seinem Stuhl und lässt sich wenig anmerken. Nur seine Hände verraten seine Nervosität. Meist blättert er in seinen Unterlagen oder spielt mit seinem Feuerzeug. Herr Stämpfli hat einige Einwände gegen die Ausführungen des Chefs vorzubringen, springt dabei fast vom Stuhl auf und gestikuliert lebhaft mit den Armen. Den Chef scheint das alles nicht zu beeindrucken, seine Miene bleibt unbewegt, während er weiterspricht.

Haben Sie die Typen erkannt? Bitte erst nachdenken, bevor Sie auf S. 185 nachschlagen. Blaudominante wirken in ihrer Haltung häufig etwas verkrampft oder steif und machen fahrige oder steife Bewegungen. Den Händedruck vermeiden sie eher und ihre Hände verstecken sie oder beschäftigen sie mit etwas. Am entspanntesten wirken Gründominante. Sie können lange unbewegt sitzen, und wenn sie sich bewegen, dann in fließenden, weichen Bewegungen.

Rotdominante haben eine straffe Haltung und wirken aufgrund ihres Bewegungsdranges häufig sprungbereit. Ihre Bewegungen sind kraftvoll und lebhaft.

Ein Hinweis: Den jeweiligen Typ können Sie oft, aber nicht immer daran erkennen, welche Region des Gesichts er bevorzugt berührt. Der Blaudominante fasst sich gerne an die Stirn, was bedeutet, dass er nachdenkt oder ihm etwas durch den Kopf schießt. In dieser Situation können Sie ihn z. B. fragen: «Was denken Sie über das, was ich gesagt habe?» Der Gründominante berührt recht häufig die Region zwischen den Augenbrauen und der Nase. Wenn er seine Nasenspitze anfasst, zeigt dies, dass er emotional betroffen ist. In dieser Situation könnten Sie beispielsweise fragen: «Wie geht es Ihnen mit dem, was Sie gerade hören (oder sehen)?» Und der Rotdominante berührt sehr oft die Region zwischen der Nase und dem Kinn. Wenn er sich z. B. an den Mund greift, zeigt dies, dass er etwas tun oder sagen möchte. Fragen Sie ihn: «Was könnten Sie jetzt tun? Was wäre der nächste Schritt?» Wenn Sie die richtigen Fragen stellen, wird sich Ihr Gegenüber besser verstanden fühlen. Probieren Sie es aus!

Äußere Merkmale			
	Rot	**Grün**	**Blau**
Hände und Handgelenke	Hände groß und kräftig, Finger kräftig, Handgelenke stark, fester Händedruck, Hände meist dynamisch in Bewegung	Hände klein, Finger kurz, Handgelenke eher schwach, Händedruck oft etwas schlaff, manchmal feucht, Hände in Ruhehaltung meist offen, suchen Kontakt mit Gesprächspartner	Hände schlank und zart, Finger lang und dünn, Handgelenke schmal, Händedruck wird gerne vermieden, Hände werden oft versteckt (Tasche) oder beschäftigt (Bleistift, Unterlagen)

Haltung und Bewegung	Haltung ist gespannt, Schultern zurückgenommen. Beim Sitzen wie sprungbereit, der Bewegungsdrang verhindert das Stillsitzen, Bewegungen sind gradlinig, kraftvoll, überwiegend willensgesteuert	Haltung ist entspannt und bequem, Schultern rund. Beim Sitzen in Sesseln wie hineingegossen, kann lange unbewegt sitzen, Bewegungen sind weich, rund, fließend, überwiegend gefühlsgesteuert	Haltung wirkt steif bis angespannt, Schultern hängen etwas nach vorn. Sitzhaltung wird schnell unbequem oder häufig gewechselt. Bewegungen sind fahrig, eher steif, verstandesgesteuert

Erkennen Sie die Typen? Ihr Ticket zur Menschenkenntnis

Sie haben nachfolgend Gelegenheit, Ihre Menschenkenntnis anhand von Fotos ganz unterschiedlicher Menschen zu prüfen und damit festzustellen, inwieweit Sie jetzt schon in der Lage sind, jemanden auf Anhieb zu erkennen. Als Hilfestellung zunächst eine Übersicht über die wichtigsten Merkmale der drei Haupttypen:

Zusammenfassung: Übersicht über die äußeren Merkmale		
Rot	**Grün**	**Blau**
• *Körper:* kantig, kräftig	• *Körper:* rundlich, weich	• *Körper:* lang, schlank
• *Körpergewicht:* Norm, mit zunehmendem Alter eventuell höher	• *Körpergewicht:* meist über der Norm, öfters untersetzt	• *Körpergewicht:* eher unter der Norm, stabil
• *Gesicht:* eckig, kantig, starkes Kinn	• *Gesicht:* rund, weich	• *Gesicht:* schmal, spitzes Kinn
• *Hände:* groß, kräftig, breite Finger	• *Hände:* kurze Finger	• *Hände:* schlank, lange Finger

• *Handgelenke:* sehr kräftig • *Haltung:* gespannt • *Bewegungen:* kraftvoll, lebhaft	• *Handgelenke:* schwach • *Haltung:* entspannt, locker • *Bewegungen:* rund, weich, fließend	• *Handgelenke:* sehr schmal • *Haltung:* angespannt bis verspannt • *Bewegungen:* fahrig, steif

Bei Ihrer Einschätzung der Typen sollten Sie die Körper*größe* übrigens außer Acht lassen, denn sie kann täuschen. Grüne müssen nicht immer klein sein, auch wenn sie untersetzt sind, und Blaue sind nicht immer groß. Wenn es Ihnen schwerfällt, jemanden auf einem Foto richtig einzuschätzen, dann schauen Sie einmal genau hin, was der Person fehlt, worin ihr Defizit liegt oder liegen könnte. Das ist oft der Schlüssel zur Erkenntnis.

Sie haben jetzt Gelegenheit, anhand der folgenden Fotos Ihre Menschenkenntnis weiter zu verfeinern. Schauen Sie sich die Bilder von Kopf, Hand und Statur jeder abgebildeten Person an, und überlegen Sie, welchen Typ der oder die Betreffende jeweils verkörpert. Denken Sie dabei auch an die Mischtypen. Die Auflösungen finden Sie am Buchende auf S. 185.

Weitere Gelegenheit, Ihre Menschenkenntnis zu trainieren, haben Sie im Internet auf meiner Website *www.ichweisswiedutickst.com*. Dort finden Sie weitere Fotos und noch mehr Übungsmaterial.

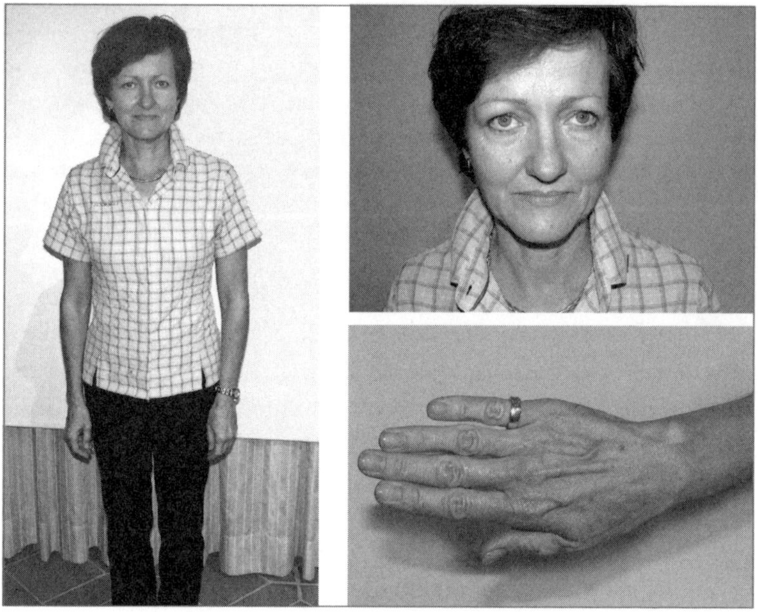

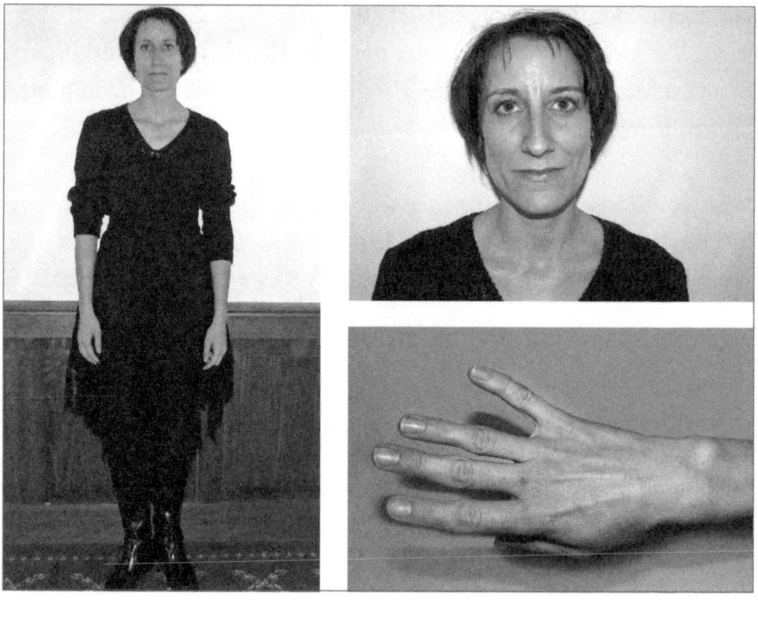

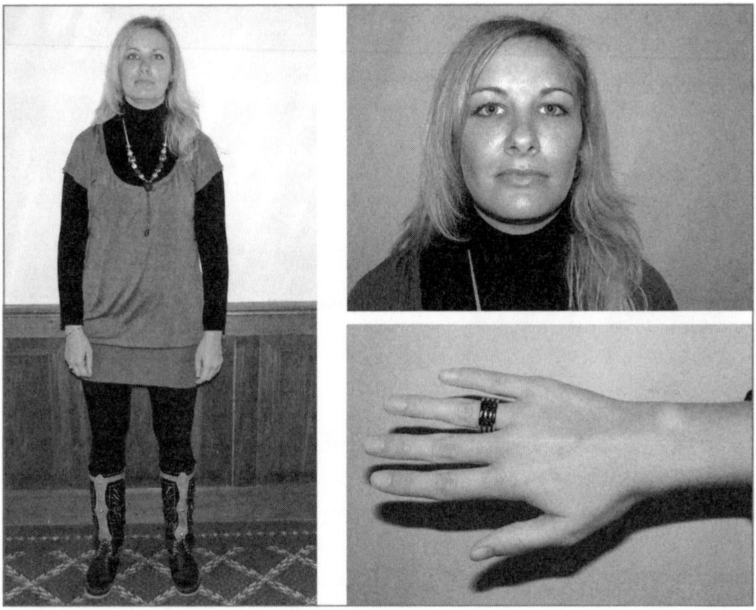

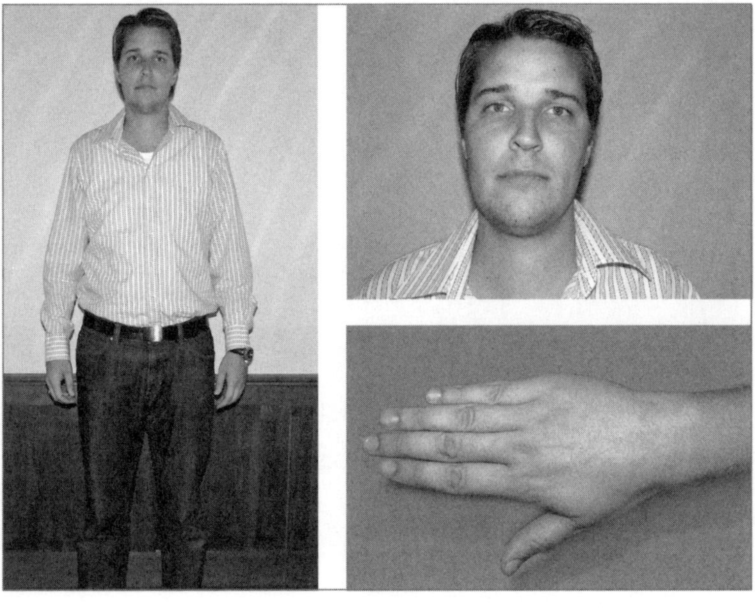

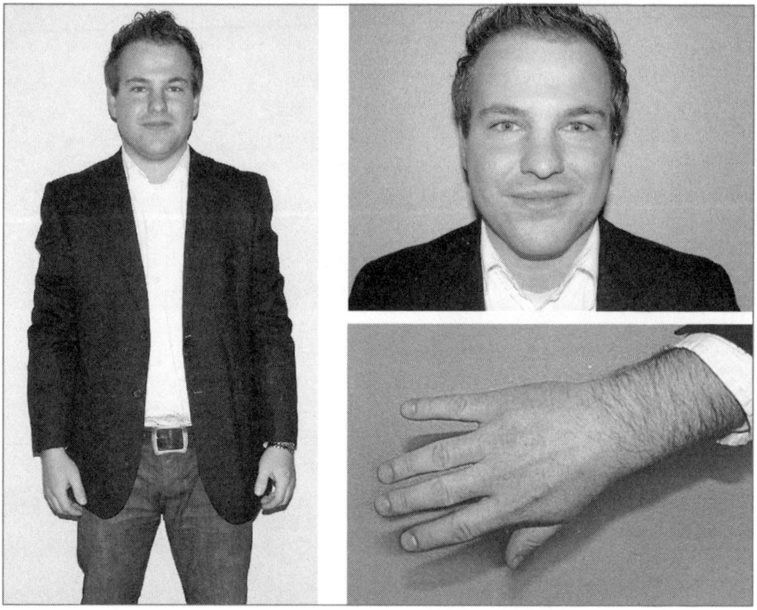

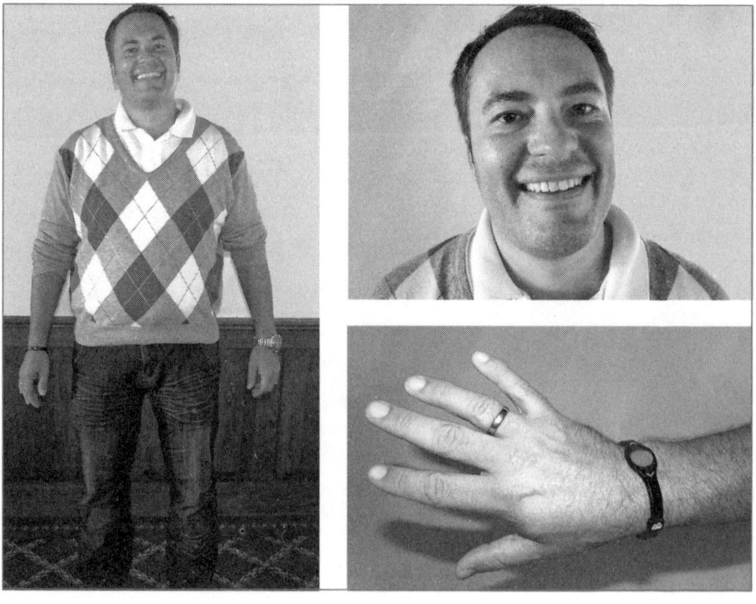

5. Ticken mit Taktik – Menschenkenntnis in Alltag und Beruf anwenden

«Der erfolgreiche Mensch beschäftigt sich mit den Interessen der anderen, der erfolglose und der gewöhnliche Mensch vorwiegend mit seinen eigenen Interessen.»
(Alfred Adler)

Ticken im Gleichtakt – was Menschen motiviert

Die Geschichte vom Esel und der Möhre
Eine Versicherungsgesellschaft rief bei mir an: «Wir brauchen jemanden, der in 20 Tagen 2.500 Leute motiviert», hieß es. Was zunächst wie eine Herausforderung klang, sah dann bei näherem Hinsehen doch ganz anders aus. Im Gespräch stellte sich heraus: Alle 2.500 Leute waren bereits vom Unternehmen entlassen worden – allerdings nicht sofort, sondern erst in zwei Jahren, wenn die Umstrukturierung des Konzerns abgeschlossen war. Keiner von ihnen hatte eine Chance, nach Ablauf der zwei Jahre weiterbeschäftigt zu werden, selbst dann nicht, wenn er sich durch besondere Leistungen hervortäte.

Der «dynamische Jungmanager», mit dem ich es zu tun hatte, kam frisch von der Universität und war offensichtlich der Ansicht, mit Menschen könne man umgehen wie mit Maschinen: ein bisschen schrauben hier, ein bisschen justieren dort, ein paar Öltropfen dazu – und schon tickt es wieder. Als Motivationstrainer, so glaubte er, würde ich gewiss die Stellschrauben kennen, an denen man drehen muss, damit Leute so ticken, wie das Unternehmen sie haben will, damit sie bis zum Entlassungstermin hochmotiviert weiterarbeiten, als wenn «nichts gewesen wäre». Diesen Auftrag musste ich leider ablehnen. Wenn Menschen von vornherein keine Chance bekommen, dann hilft auch das beste Motivationstraining nichts.

Dem Manager wie auch dem Unternehmen fehlte es offensichtlich an menschlicher Kompetenz, weil sie in mechanischem Denken befangen waren. Es regierte, wie so oft, der Sachverstand und nicht der Menschenverstand.

Die besten Vorhaben müssen scheitern, wenn man die Motive der Menschen, die diese Vorhaben verwirklichen sollen, nicht von vornherein mit einbezieht. Menschenverstand bedeutet nicht nur, die besonderen Eigenarten von Menschen einigermaßen zutreffend zu erkennen, sondern es bedeutet darüber hinaus, diese Eigenarten auch zu berücksichtigen, um die Menschen entsprechend ihren Motiven anzusprechen.

Das Verhalten der Versicherungsgesellschaft erinnert an die Geschichte vom Esel, dem man eine Möhre vor die Nase hält, weil er einen Karren ziehen soll. Der Esel (die Mitarbeiter) kommt in Bewegung, weil er die Möhre haben möchte. Er kann sie natürlich niemals erreichen, aber stattdessen kommt der Karren (das Unternehmen) an ihr Ziel – vorausgesetzt der Mann, der den Esel antreibt, lässt oft genug die Peitsche knallen. Was hier vorliegt, nennt man extrinsische oder *sekundäre* Motivation. Das ist eine Form der Motivation, bei der das Ziel nur *Mittel zum Zweck* ist. In diesem Fall ist die Möhre das Mittel zum Zweck, um den Karren zu ziehen. Von einer intrinsischen oder *primären* Motivation spricht man demgegenüber, wenn man ein Ziel *um seiner selbst willen* anstrebt, und das freiwillig und ohne Zwang.

Der arme Esel kann natürlich nicht durchschauen, in welches System er eingebunden wird, weil sein Großhirn noch nicht entwickelt ist, aber wir Menschen können und sollten uns darüber klar werden, was uns motiviert. Das Wort «Motivation» kommt vom lateinischen Wort «movere» und bedeutet «bewegen». Motive sind also Beweggründe – das, was uns in Bewegung bringt, nach vorne bringt.

Wirklich glücklich und ausgefüllt fühlen wir uns nur dann, wenn wir «primär motiviert» sind, wenn wir also etwas um seiner selbst willen tun. Wenn wir beispielsweise einen Beruf nur ausüben, um damit Geld zu verdienen, so ist dies keine primäre Motivation, sondern eine viel schwächere sekundäre, die uns langfristig keine Zufriedenheit bringt. Natürlich ist nichts dagegen einzuwenden, Geld zu verdienen – oder sogar *viel* Geld zu verdienen –, aber das sollte die angenehme Begleiterscheinung einer Tätigkeit sein, die man wirklich gerne tut und liebt. Erfolgreiche Menschen stellen fest, dass sie mit einer Tätigkeit, die ihnen Spaß macht und sie befriedigt, finanziell viel erfolgreicher sind als mit einer, die sie innerlich nicht ausfüllt.

Die Weg-von- und die Hin-zu-Motivation

Grob können wir zwei Arten des Handlungsantriebs unterscheiden: die Motivation «hin zu» und die Motivation «weg von». Die «Hin-zu-Motivation» führt uns zu konkreten Tätigkeiten, um bestimmte Ziele zu erreichen; die «Weg-von-Motivation» ist hingegen darauf gerichtet, einen unangenehmen Zustand zu vermeiden, vor ihm zu fliehen. Der Mensch verbindet mit dem, was er vermeiden möchte, Schmerz. Er blickt auf das, wovon er sich wegbewegen möchte, und ist dadurch motiviert, z. B.: «Endlich weg von diesem unerträglichen Job!»

Aus dem großen Veränderungsdrang, dem Leidensdruck und dem Schmerz erwächst in ihm ein extrem starker Antrieb. Von 80 bis 90 Prozent aller Menschen heißt es, sie seien «weg-von» motiviert, darunter viele berühmte Tellerwäscher, die es zum Millionär brachten, oder Leistungssportler, die in ihrer Kindheit unter Minderwertigkeitskomplexen litten und dadurch zu Höchstleistungen angetrieben wurden. Darin ist ein kompensierendes (= ausgleichendes) Verhalten erkennbar. Der berühmte antike Philosoph Demosthenes beispielsweise machte sein Stottern zur Ressource, indem er sich zum besten Redner Griechenlands entwickelte, und Napoleon wurde trotz seiner geringen Körpergröße zum Herrscher eines der mächtigsten Imperien der Geschichte.

Vermeidungsstrategien wie die Weg-von-Motivation setzen enorme Kräfte und Energien frei, denn was sie zu vermeiden suchen, ist den Menschen stets bewusst. Sie suchen nach Schutz und Sicherheit in einer als bedrohlich empfundenen Welt. Von Konsequenzen und Sanktionen fühlen sie sich angetrieben. Fast jeder Mensch hat es bereits erlebt, dass «das Fass voll» war und nur noch ein Tropfen genügte, um es zum Überlaufen zu bringen. In solchen Situationen des Überdrusses an einer unbefriedigenden Situation sind gravierende Veränderungen im Leben möglich. Nicht umsonst beginnen viele Patienten erst nach einem Infarkt mit einer gesünderen Lebensweise.

Der innere Monolog eines Weg-von-Motivierten ist zwar problembezogen, hat aber eine lösungsorientierte Richtung: «Wie kann ich diese unerträgliche Situation zum Positiven wandeln?» oder: «Das passiert mir nie wieder! Ab sofort ändere ich mein Verhalten!» Dementsprechend hält die Weg-von-Motivation auch nur so lange an, wie die negative Situation besteht. Junge Menschen haben oft zu Beginn ihres Erwachsenenlebens noch eine ausgesprochene Vermeidungsmotivation: weg von den Eltern, raus aus der Schule, weg von den sozialen oder finanziellen Verhältnissen, aus denen sie kommen, usw. Auf die Dauer ist jedoch Flucht keine wirkliche Motivation, und so beginnen sie zum Glück nach einer Weile, sich nach lohnenderen Zielen umzusehen und eine Hin-zu-Motivation zu entwickeln. Wer langfristig keine Hin-zu-Motivation entfaltet, bleibt meist sein Leben lang in einem künstlichen «Rebellentum» gegen seine Eltern, die sozialen oder gesellschaftlichen Verhältnisse usw. befangen.

Übrigens nutzt auch die Werbung intensiv die Weg-von-Motivation. So preisen z. B. Versicherungen und Banken Sparverträge oder Kapitalanlagen als Weg gegen (Alters-)Armut und Mittellosigkeit an. Die Automobilindustrie schwört auf exzellente Technik als Mittel gegen Pannen und Unfälle, und die Sicherheitsbranche verkauft mit wachsendem Erfolg Produkte wie Alarmanlagen und Überwachungskameras gegen Einbruch, Diebstahl, Vandalismus usw.

Wer eine Hin-zu-Motivation hat, der möchte sich auf etwas zu bewegen. Das heißt, er verbindet positive Gefühle wie Freude und Glück mit der Erreichung seines Zieles. Ein Hin-zu-Motivierter hat eine lebensbejahende Einstellung und einen hohen Grad an Optimismus. Seine heitere Ausstrahlung inspiriert auch andere und lässt ihn selbst in schwierigen Situationen stets die Chancen und das Positive sehen. Wenn etwas nicht funktioniert, so hat er stets Alternativen im Sinn, ist voller Hoffnung, reagiert flexibel und erkundet neue Handlungsmöglichkeiten. Sein Denken und Handeln ist lösungsorientiert und auf Fragen ausgerichtet wie: «Was ist das Gute an dieser Situation?», «Womit bin ich momentan besonders zufrieden?» oder: «Was kann ich daraus lernen?» Auf diese Weise erlebt der Hin-zu-Motivierte sein Leben als spannende Herausforderung. Lachen, Freude, Genuss, Feiern und Spaß stehen im Vordergrund. Sein Lebensgrundsatz lautet: «Denke und fühle positiv!» So hat er ständig Zugriff auf sein Glücksdepot.

Die Werbung nutzt auch diese Art der Motivation, indem sie beispielsweise Produkte mit positiven Gefühlen wie Freiheit und Wohlbefinden assoziiert (Reisen), Lust und Leidenschaft weckt (Lebensmittel und Getränke) oder Attraktivität, Schönheit und Eleganz verkauft (Mode).

Unsere Vorstellungskraft kann mit Verneinungen nicht umgehen. Deshalb sollten wir uns nicht nur positive Ziele setzen, sondern sie auch immer positiv formulieren. Auf die Dauer haben nur attraktive Ziele eine wirkliche Anziehungskraft, die unsere Motivation in Schwung hält.

Neben der Hin-zu- und der Weg-von-Motivation gibt es noch einen dritten nicht zu unterschätzenden Beweggrund: die *Gewohnheit.* Menschen tun viele Dinge, weil sie sie «immer schon so» gemacht haben, selbst wenn das bei näherem Hinsehen gar keinen Sinn mehr ergibt. Hier sind Konditionierungen im Spiel, also anerzogene Verhaltensweisen, die dem eigenen Naturell nicht wirklich entsprechen.

Wenn wir andere Menschen beobachten und ihren Typ erkennen, können wir oft nicht sagen, ob eine Verhaltensweise anerzogen oder authentisch ist. Wir können uns nur selbst fragen, ob unsere *eigenen* Verhaltensweisen lediglich auf Gewohnheit beruhen oder ob wir wirklich glücklich damit sind und sie uns weiterbringen. Wenn wir viele Konflikte in Beruf und Alltag erleben oder wenn wir überwiegend unzufrieden sind mit unserem Leben insgesamt oder mit einzelnen Lebensbereichen (Beruf, Gesundheit, Partnerschaft usw.), so ist dies ein sicheres Zeichen, dass etwas nicht stimmt. Das heißt, wir haben Verhaltensweisen angenommen – oft schon durch die Erziehung im Elternhaus –, die uns nicht entsprechen, die an unserem Wesenskern vorbeigehen, die wir aber trotzdem mit Beharrlichkeit weiterleben.

Ein Banker der obersten Führungsebene ließ sich einmal von mir coachen. Er war fristlos entlassen worden, und seine Familie war daraufhin weggelaufen. Über seine Situation war er so niedergeschlagen, dass er stark selbstmordgefährdet war. Dem Coaching stand er zunächst skeptisch gegenüber: «Ich weiß gar nicht, warum ich hier bin und ob mir das etwas bringt. Ich habe schon viele Therapien ausprobiert, und bisher war alles umsonst.» Schließlich stellte sich heraus, dass er zwar von Natur aus rotdominant, aber total blau konditioniert war. Die Blaudominanz entspricht sehr stark dem Bankwesen, wo Zahlen und Fakten, Korrektheit und Genauigkeit im Vordergrund stehen. Bald hatten wir den Grund für seine Entlassung herausgefunden. Sein «rotes» Temperament, das er in seinem Beruf jahrelang nicht ausleben konnte und ständig unterdrücken musste, war mit ihm durchgegangen. Er hat immer wieder seine Mitarbeiter bei kleinen Fehlern angeschrien, so dass sie schließlich einen Bogen um ihn machten. Weder er noch seine Leute fühlten sich am Arbeitsplatz wohl, und er selbst hatte das Gefühl, von seinen Mitarbeitern gemobbt zu werden. Als er ein Seminar über Menschenkenntnis besuchte, wurde ihm bewusst, was abgelaufen war, und er erkannte, dass er eine erfüllendere Tätigkeit finden musste, die ihm eher entsprach. Als Rotdominanter brauchte er eine Arbeit, die ihn herausforderte und nicht in regelmäßigen, gleich bleibenden Abläufen und «Zinsli-Picken» erstickte. Er orientierte sich beruflich neu und fand eine Position in der Finanzbranche, die ihm bedeutend mehr Freiraum ließ.

Was motiviert welchen Typ?

Im Alltag und im Beruf kommt es häufig darauf an, Menschen zu motivieren:

- Sie wollen beispielsweise Ihren Partner dazu bewegen, dass er mit dem von Ihnen gewählten Urlaubsziel einverstanden ist und der Reise zustimmt.
- Sie wollen Ihr Kind motivieren, dass es seine Schularbeiten ordentlich macht oder seine Berufsausbildung abschließt.
- Als Chef wollen Sie Ihre Mitarbeiter motivieren, dass sie ihre Arbeit in Ihrem Sinne erledigen.
- Als Verkäufer wollen Sie Ihre Kunden bewegen, bei Ihnen zu kaufen. Und so weiter.

Wir wollen uns in diesem Kapitel einige typische Situationen in Alltag und Beruf anschauen, in denen es um Motivation geht. Und wir wollen uns auch anschauen, wie und womit Menschen motiviert werden und womit nicht.

Es gibt zwei Kardinalfehler, die häufig in der Absicht passieren, einen anderen zu etwas Bestimmtem motivieren zu wollen:

1. Es wird versucht, den anderen mit den gleichen Dingen zu motivieren, die einen selbst bewegen. Man geht wie selbstverständlich davon aus, der andere ticke genauso wie man selbst.
2. Es wird versucht, auf den anderen einzuwirken, damit er genauso denkt, fühlt und handelt wie man selbst. Man glaubt, den anderen so verändern zu können, dass er genauso ticke wie man selbst.

Beides funktioniert nicht! Insbesondere aus dem zweiten Fehler erwachsen viele überflüssige Konflikte, Missverständnisse, Probleme und Reibereien. Denn den anderen ändern zu wollen, läuft oft darauf hinaus, ihm Vorwürfe zu machen, ihm zu drohen oder ihm gar Anweisungen und Befehle zu erteilen, was er zu tun hat (Peitsche). Die harmlosere Variante ist der Versuch, den anderen mit Belohnungen zu ködern, ihm gut zuzureden oder ihn mit Argumenten zu überzeugen (Zuckerbrot). Peitsche und Zuckerbrot sind die vergebliche Aufforderung an den anderen: «Bitte sei so wie ich, dann wird alles einfach!», verbunden mit dem stillschweigenden Vorwurf: «Warum bist du nicht so wie ich?» Leider nur sind wir Menschen alle unterschiedlich. Wir haben nicht das Recht, andere Menschen zu verändern; nur uns selbst dürfen wir verändern. Wenn wir das mit Erfolg hinkriegen, werden immer auch die zwischenmenschlichen Beziehungen harmonischer und einfacher.

Es gibt eine unendlich große Anzahl von Motiven, die Menschen bewegen können, z. B. Selbstbestimmung, Macht, Kontakte, Selbstverantwortung, materieller Reichtum, Luxus, Gerechtigkeit, Harmonie, Gesundheit, Spaß/Freude, Information, Bequemlichkeit, Spielen, Herausforderungen, Sicherheit, Glaube/Spiritualität, Nächstenliebe, Kreativität, Leistung. Im Folgenden wollen wir uns einige herausragende Motive der drei Haupttypen ansehen.

Unter den Rotdominanten sind viele «Alpha-Menschen», die als «Nummer 1» den Ton in einer Gruppe angeben, z. B. als Chef oder Führungskraft in einer Firma, als Außendienstler, Reiseführer, Piloten usw. Daher motiviert den Rotdominanten alles, was *Anerkennung von anderen* verspricht: Dominanz, Status, Unabhängigkeit, Publizität. Alfred Adler bezeichnete es als «Geltungsstreben». Ein anerkennungsmotivierter Mensch ist stets darauf bedacht, sich ins beste Licht zu setzen. Daher ist er für Kritik oder Tadel nicht ohne Weiteres zugänglich und lehnt sie insbesondere dann ab, wenn er befürchtet, dadurch an Prestige zu verlieren. Umgekehrt greift er gern alles auf, was seinen Alpha-Status unterstreicht.

Den Gründominanten motiviert alles, was *das zwischenmenschliche Leben bereichert:* Vertrauen, Geborgenheit, Freude, Zuspruch, Hilfsbereitschaft. Wenn man ihn motivieren will, dann mit Dingen, mit denen sich die Lebensqualität verbessern lässt: soziale Einrichtungen, Gesprächskreise, persönliche Gespräche, gemeinsame Treffen und alles, was Lebensfreude, Vergnügen und Spaß bringt. Eine zwischenmenschliche Beziehung um einer Sache willen zu vernachlässigen, käme für ihn nicht infrage.

Beim Blaudominanten ist es umgekehrt: Ihn motiviert alles, was *Qualität in eine Sache oder Situation* bringt, nicht jedoch in eine Beziehung. Zu seinem Qualitätsanspruch gehören: Ordnung, Perfektion, Pünktlichkeit, Präzision, Systematik, Vollständigkeit, Sicherheit. Wenn man ihn motivieren will, kann man ihm zeigen, wie eine Sache (ein Plan, ein Schriftstück, die Produktion am Fließband, ein Gebäude, die Organisation der Firma usw.) optimiert werden kann. Da er jedoch eher ein Einzelkämpfer ist, kann man ihn nicht damit motivieren, zwischenmenschliche Beziehungen zu verbessern; das empfände er als langweilig oder als Zeitverschwendung. Es ist auch unmöglich, ihn zu etwas zu veranlassen, was er innerlich als gegen seine Prinzipien gerichtet empfindet.

Vor kurzem war ich auf einer Messe, auf der ein Schweizer Verband, in dem ich Präsident bin, mit einem eigenen Stand vertreten war. Unter anderem kam an unserem Stand ein Mann vorbei, den ich auf den ersten Blick als rotdominant einschätzte und den ich gerne als Mitglied für unseren Verband gewinnen wollte. Nach einer kurzen Begrüßung und ein paar einleitenden Sätzen sagte ich zu ihm: «Wissen Sie, bei uns sind all die wichtigen Leute Mitglied.» «Okay», lautete kurz entschlossen seine Antwort, «wo und wie muss ich mich anmelden, um dabei zu sein?» So einfach kann es sein, wenn man sein Gegenüber richtig einschätzen und entsprechend seinen Motiven ansprechen kann! Ich hatte bei ihm die Motive Anerkennung und Prestige richtig erkannt.

Wäre mein Gesprächspartner ein Blaudominanter gewesen, so hätte ich ihn mit meiner Aussage über die «wichtigen Leute» nicht hinter dem

Ofen hervorlocken können, weil es ihn von seiner Motivlage her gar nicht interessiert hätte. Garantiert hätte er bei sich gedacht: «Wer hier für mich wichtig ist, entscheide ich selbst», auch wenn er das nicht ausgesprochen, sondern ein undurchschaubares Gesicht aufgesetzt hätte. Dem Blaudominanten hätte ich stattdessen einen kleinen Vortrag gehalten und in etwa Folgendes gesagt: «Unser Verband wurde im Jahr 2000 gegründet und hat jetzt bereits über 800 Mitglieder. Jedes Jahr wachsen wird um 15 Prozent. Allein in diesem Jahr haben wir schon 75 neue Mitglieder gewonnen ...» Anschließend hätte ich ihm einen Prospekt mit den wichtigsten Zielen des Verbandes, der Geschäftsordnung und einem Anmeldeformular in die Hand gedrückt.

Einen Gründominanten hätte ich wieder ganz anders angesprochen und beispielsweise gesagt: «Kommen Sie doch zu unserer Get-together-Party, die wir heute Abend feiern. Sie sind herzlich eingeladen! Sie haben Gelegenheit, viele sympathische Leute kennenzulernen, die bei uns schon Mitglied sind. Es wird sicher ein anregender Abend, und wir haben auch ein großes Büffet vorbereitet.»

Menschenkenntnis heißt, die Beweggründe des anderen zu kennen, ihn entsprechend seinen Motiven anzusprechen und damit seine Bedürfnisse zu erfüllen. So ticken wir im Gleichtakt mit unserem Gegenüber.

Die genannten Motive haben keinen Ausschließlichkeitscharakter, das heißt, auch ein Blau- oder Rotdominanter wird sich gelegentlich von Zwischenmenschlichem animieren lassen, ebenso wird auch ein Blaudominanter gelegentlich etwas tun, das sein Prestige fördert, und ein Gründominanter sich zur Optimierung einer Sache bewegen lassen. Schließlich haben wir immer mehrere Persönlichkeitsanteile in uns, und viele Menschen haben eine Doppeldominanz zweier Typen in sich. Doch sind Dinge, die nicht den eigenen Primärtyp betreffen, eher zweitrangig und weniger geeignet, wenn es darum geht, einen anderen gezielt zu motivieren.

Motivation		
Rot	**Grün**	**Blau**
Anerkennung durch andere: Dominanz, Prestige, Unabhängigkeit, Freiheit, Macht	*Bereicherndes im zwischenmenschlichen Bereich:* Vertrauen, Freude, Hilfsbereitschaft, Zuspruch, Geborgenheit	*Qualität einer Sache:* Systematik, Ordnung, Perfektion, Genauigkeit, Sicherheit, Vollständigkeit

Ein guter Freund von mir war seinem Naturell nach ein Blau-Grün- bzw. Türkis-Typ mit geringem Rot-Anteil. Nach seiner Ausbildung wurde er mit nur 25 Jahren Abteilungsleiter in einem recht hektischen Betrieb, in dem er bald überfordert war, weil der hohe Rot-Anteil des Unternehmens nicht zu seiner Persönlichkeit passte. Das war ihm jedoch nicht bewusst, weil er seine Motive und Bedürfnisse und seinen Typ nicht kannte, und so fühlte er sich einfach nur unzufrieden. Er war Metzgermeister und hatte damit einen Beruf erlernt, der nicht zu ihm passte.

So ergeht es vielen Menschen: Sie erlernen Berufe, weil es sich so «ergibt», z. B. weil gerade eine entsprechende Ausbildungsstelle frei ist oder weil die Eltern den Beruf empfehlen. Manche erfüllen sogar stellvertretend für die Eltern deren Berufswünsche. Wenn beispielsweise der Vater einen bestimmten Beruf ergreifen wollte, ihm dies aber nicht möglich war, so vermittelt er seinen Wunsch in Form einer Erwartungshaltung oder sogar eines Erwartungsdrucks an seinen Sohn. Dieser führt dann aus, was eigentlich der Vater tun wollte, auch wenn es überhaupt nicht zu seinem Naturell passt.

Mein Freund, der in einer hektischen Schlachterei arbeitete, war abends meist fix und fertig, zugleich aber auf der Suche nach einer Freundin. Die fand er schließlich auch. Seine Freundin war extrem rotdominant, was zu Missverständnissen in der Partnerschaft führte: Er wollte nach einem stressigen Arbeitstag abends seine Ruhe genießen, während sie unternehmungslustig war und auf «Action» stand. Wie häufig in solchen Fällen machte jeder dem Partner seine Andersartigkeit zum Vorwurf. Doch in der Phase der anfänglichen Verliebtheit, in der man alles durch die rosarote Brille sieht, traten die Probleme noch nicht so offen zutage. So kam es, dass die beiden nach zwei Monaten heiraten wollten, denn sie glaubten, es werde schon alles gut. Ich erkannte damals bereits die Konfliktherde, doch waren die beiden für Hinweise und Tipps nicht empfänglich. Im Stillen gab ich der Ehe nur ein Jahr. Nach nur zehn Monaten rief mein Freund bei mir an und erzählte mir, er habe sich von seiner Partnerin getrennt. Die Situation zwischen den beiden war eskaliert. Ich unterstützte die beiden in der Trennungsphase. Zum Glück hatten sie keine Kinder, denn sonst wäre es schwieriger gewesen.

Eine Beziehung zwischen zwei so unterschiedlichen Typen hätte zwar eine Chance, aber es bedürfte eines großen Verständnisses und großer Toleranz von beiden Seiten, um sich auf die so ganz anders gearteten Bedürfnisse des Partners einzustellen. Letztlich macht es keinen Sinn, ein gemeinsames Leben zu planen, wenn man nicht zusammenpasst und sich nicht versteht.

Mein Freund hatte bis zu diesem Zeitpunkt meinen Seminaren zur Menschenkenntnis immer skeptisch gegenübergestanden. Jetzt hatte er jedoch das Gefühl, dass ihm sein Leben teilweise entglitt. Im Beruf war er überfordert, im Privatleben unglücklich und wieder allein, und so begann er, nach Lösungen zu suchen. Als er mich fragte: «Sag mal, was für Seminare hältst du da eigentlich?», antwortete ich absichtlich provozierend: «Das ist nichts für dich!» Wenn man jemandem etwas aufzwingen will, dann möchte er es nicht. Macht man dem Betreffenden jedoch klar, dass er es nicht haben darf, dann ist er besonders interessiert, es zu bekommen. Und so fügte ich noch hinzu: «Du brauchst das wirklich nicht, du hast dein Leben wunderbar im Griff!»

Schließlich bettelte er, an den Seminaren teilnehmen zu dürfen. Und weil ich seine Zögerlichkeit als Blau-Grün-Typ kannte und wusste, dass er sich nur schwer entscheidet, sagte ich ihm: «Okay, du kannst dabei sein – aber nur, wenn du *sofort* kommst.» So nahm er gleich am nächsten Seminar teil. Für ihn wurde es das «Kronleuchter-Seminar», weil ihm ein Licht nach dem anderen aufging. Endlich verstand er, wie er selbst tickte und wie seine Exfrau tickte. Ihm wurde klar, worauf all die Schwierigkeiten in seinem Leben zurückzuführen waren. Er erkannte seinen Typ und seine Motive, und ihm wurde bewusst, dass er den völlig falschen Beruf ergriffen hatte. In einem weiteren Seminar zum Thema «Selbst- und Zukunftsmanagement» entwickelte er einen Lebensplan für sich mit dem Ziel, sich beruflich neu zu orientieren, und zwar an seinen wirklichen Talenten und Fähigkeiten. Ihm wurde bewusst, dass er mit seinem hohen Blau-Anteil eine hohe Affinität zur Buchführung hatte, und bildete sich zum Treuhänder bzw. Steuerberater weiter. Heute ist er selbstständig mit einer Steuerberatungskanzlei, die auf Privatpersonen und kleine Firmen spezialisiert ist. Er ist mit seinen Kunden im intensiven Kontakt, womit auch sein Grün-Anteil zum Tragen kommt. Als Selbstständiger kann er sein Arbeitstempo selbst bestimmen und steht nicht unter Druck, dass ihm ein anderer das Tempo vorgibt.

Mittlerweile hat mein Freund auch eine neue Partnerin gefunden, die zwar auch einen hohen Rot-Anteil hat, aber nicht so ausgeprägt wie seine erste Frau. Sie hat meine Seminare ebenfalls besucht, damit sich beide gegenseitig verstehen. Beide ergänzen sich sehr gut in ihren Farb-Anteilen, ohne dass es zu unnötigen Reibereien kommt.

Wenn wir beide wissen, wie wir ticken – die Partnerschaft

Kurz vor ihrer Heirat mit Joe DiMaggio wurde Marilyn Monroe von Journalisten gefragt, was ihr denn an ihrem neuen Partner so gefiele. Sie schwärmte: «Wenn ich heimkomme, ist er schon da und schaut die

Sportsendung an. Ich bringe ihm ein Bier und die Pantoffeln – ich liebe diese Heimeligkeit!» Neun Monate später wurde sie kurz vor ihrer Scheidung von Journalisten gefragt, warum sie sich von ihm trennen wolle. Ihre Antwort: «Immer wenn ich nach Hause komme, hockt er vor der Glotze, guckt irgendeine blöde Sportsendung und erwartet von mir, dass ich ihm Bier und Pantoffeln bringe – ich hasse das!»

Eigentlich hat sich zwischen der Heirat und der Scheidung der beiden nicht wirklich etwas verändert, oder? Nur die Bewertung Marilyns war vollkommen ins Gegenteil umgeschlagen. Wie kann es passieren, dass uns das, was wir an einem Menschen zuerst besonders schätzen, irgendwann vollkommen auf den Wecker geht und sogar zur Scheidung führt?

Immer wieder gehen Menschen mit einer bestimmten Erwartungshaltung in eine Partnerbeziehung, die der andere nicht erfüllen kann. Häufig geschieht es, dass man sich in jemanden verliebt, der Eigenschaften und Verhaltensweisen verkörpert, die man selbst nicht hat. So scheint es auch Marilyn Monroe gegangen zu sein: Ihr gefiel, dass er die Ruhe und Gemütlichkeit ausstrahlte, die sie in ihrem hektischen Berufsleben als Schauspielerin sonst nicht hatte, aber zu Hause genießen wollte. Gegensätze ziehen sich eben an. Doch nach einer Weile wurde ihr das Leben mit ihm offensichtlich langweilig und sie wollte mehr unternehmen. – An einem meiner Seminare nahm einmal eine Rotdominante teil, die sich in einen Blaudominanten verliebt hatte und mit ihm nicht klarkam, weil es ihm ihrer Ansicht nach an «Temperament» fehlte. Wütend und frustriert fragte sie mich: «Was soll ich mit dem Typ anstellen? Muss ich mit dem ein Buch lesen gehen?»

Wenn man sich in jemanden verliebt, der zu einem anderen Typ gehört als man selbst, dann fühlt man sich von Eigenschaften angezogen, die man selbst nicht hat. Man glaubt, darin eine Ergänzung zu eigenen Verhaltensweisen zu erkennen. Wenn man sich jedoch in jemanden verliebt, der demselben Typ angehört, eventuell sogar die gleiche Doppeldominanz hat, dann geschieht es nach dem Motto:

Gleich und gleich gesellt sich gern. Doch auch das läuft nicht zwangsläufig reibungslos ab und kann genauso viele Probleme hervorrufen. In der Verliebtheitsphase der ersten drei Monate «halluziniert» jeder: Im neuen Partner sieht man nur das Positive, bis dann nach einer Weile die Ernüchterung eintritt. Diese Phase ist gefährlich, denn jetzt kann es sein, dass sich negative Bewertungen über den Partner einschleichen, die vorher nicht vorhanden waren. Schlimmstenfalls sieht man irgendwann nur noch die «Fehler» des anderen. Vor Negativbewertungen und -wahrnehmungen sollten wir uns unbedingt hüten – und sie korrigieren, sobald sie sich einzuschleichen beginnen, auch wenn die Partnerschaft schon längere Zeit dauert! Es sind diese negativen Bewertungen, die die «Enttäuschungen» über nicht erfüllte Erwartungen verursachen. Wir müssen uns klarmachen: Wir haben jederzeit die Chance, unsere Denkgewohnheiten zu verändern, und wir sind immer frei darin, den anderen so oder anders zu sehen. Ebenso ist der andere frei darin, so zu sein, wie er möchte, und braucht sich nicht zu ändern, weil der Partner es so will.

Der Schlüssel zu einer glücklichen Partnerschaft besteht *nicht* darin, den Partner seinem Typ entsprechend auszusuchen. Der Schlüssel liegt darin, den eigenen Typ und den des Partners zu kennen, sich gegenseitig auf die unterschiedlichen Motive und Bedürfnisse einzustellen und sie zu *akzeptieren.*

Es ist einer der größten Wünsche jedes Menschen in einer Beziehung, so akzeptiert zu werden, wie er ist. Wer am anderen herummeckert oder -nörgelt, ihn ändern will oder ihm sein Verhalten vorwirft, ignoriert diesen Wunsch. Das sind lediglich *Verliererstrategien,* die geradewegs in eine Sackgasse führen. Solche Loser-Programme sollten wir unbedingt vermeiden bzw. überwinden (mehr dazu im nächsten Kapitel). Sonst wird die Parterschaft leicht zu einem Schlachtfeld, in dem mangels Menschenkenntnis der «Rosenkrieg» herrscht, bis die Beziehung zerrüttet ist.

Den Partner so zu akzeptieren, wie er ist – auch mit seinen Schwächen oder Schrullen –, hat nichts mit Resignation oder Laissez-faire zu tun. Eher schon damit, die Sache mit einem Schuss Humor zu sehen. Sobald man die Verhaltensmuster des anderen akzeptiert hat – anstatt sich darüber aufzuregen, sich zu ärgern oder ihm Vorwürfe zu machen –, kann man nach einer Lösung suchen, eventuell sogar gemeinsam mit dem Partner.

Erinnern Sie sich an unser Pärchen aus der Einführung, Seite 10? Heike Pfeifer, die Rotdominante, und Rolf Schorn, der Gründominante, kamen nicht miteinander klar, weil sie so unterschiedlich tickten. Früher hat sich Rolf immer darüber geärgert, dass seine Partnerin «auf allen Hochzeiten tanzt». Jetzt hat er beschlossen, das Positive dahinter zu sehen: «Heike möchte, dass in unserer Beziehung etwas los ist. Sie will mich eigentlich bei ihren Unternehmungen dabei haben!» Er macht sich die Vorzüge seiner Partnerin klar: «Ihre lebhafte Art hat mich immer fasziniert. Das war der Grund, warum ich mich in sie verliebt habe.» Er bespricht die Sache mit Heike, und die beiden finden eine Lösung: Zwei Abende pro Woche unternehmen sie nun beide zusammen etwas außer Haus, zwei weitere Abende verbringen sie gemeinsam zu Hause – «kuschelig» vor dem Kaminfeuer, wie Rolf es sich wünscht. Die nächsten zwei Abende ist Heike wie eh und je mit ihren Freundinnen auf Achse, und Rolf bleibt allein zu Hause. Und den siebten Tag lassen sie sich offen und entscheiden jeweils nach Lust und Laune, was sie gemeinsam oder allein unternehmen wollen. Das Wichtigste aber ist: Beide Partner sind nicht mehr «sauer» aufeinander, sondern akzeptieren, dass der andere eben anders tickt und andere Bedürfnisse hat, weil sie gelernt haben, am anderen jeweils das Positive zu sehen.

«Ein Optimist steht nicht im Regen – er duscht unter einer Wolke!»
(Quelle unbekannt)

Wenn ich weiß, wie mein Kind tickt – Kindererziehung

Schon Kinder sind unterschiedlich. Die Ausprägung des jeweiligen Typs ist von frühester Kindheit an gegeben. Der Rotdominante ist schon als Kind sehr lebendig, während der Blaudominante ruhiger und leichter erziehbar wirkt. Das gründominante Kind sucht verstärkt den Kontakt zu Erziehungspersonen und Spielkameraden.

Unser Schulsystem fragt leider nicht, welche Fähigkeiten der Einzelne hat oder was ihm liegt, sondern es geht nur darum, alle möglichst reibungslos durch die gleichen Prüfungen zu schleusen. Zudem lässt das System keinerlei Spielraum – weder für die Eltern noch für die Lehrer oder die Kinder. Alles ist behördlich geregelt, und die Lehrer stehen unter Druck, das System erfüllen zu müssen, die Normen einzuhalten. Das gesamte Schul- und Ausbildungssystem ist in unseren Breitengraden sehr verkopft und begünstigt daher auch eine Entwicklung zur Blaudominanz: zu intellektuellem, geordnetem Denken, verbunden mit Pünktlichkeit und Genauigkeit. Die Schule produziert «Fachidioten» anstatt Persönlichkeiten. «Regelkonformes» Denken wird von den Lehrern und vom System belohnt, mit Lob und mit guten Noten, während abweichendes Verhalten getadelt wird und Misserfolg nach sich zieht.

Die jungen Menschen werden auf diese Weise zu «dressierten Bürgern» erzogen, die nur an ihren Schulabschlüssen gemessen werden. Doch ein guter Schulabschluss ist noch lange nicht gleichbedeutend mit einem erfolgreichen oder gar glücklichen Leben. Umgekehrt ist ein schlechter Schulabschluss kein Hinderungsgrund, um im Leben erfolgreich zu werden, wofür es viele Beispiele gibt. Man sollte sich hier keine Minderwertigkeitsgefühle einreden lassen und das vermeintliche Lebensglück nicht von irgendeinem erworbenen Bildungsgrad abhängig machen.

Nicht zuletzt durch unser Schulsystem haben wir sehr viele konditionierte Blaudominante, das heißt Menschen, die ihrem Profil nach nicht wirklich Blau-Typen sind, die aber so in den typischen «blauen» Merkmalen trainiert worden sind, dass sie wie Blaudominante erscheinen. Die von Natur aus im Menschen angelegte Dominanz ist dann durch die blautypischen Merkmale so überlagert, dass sie kaum noch zutage tritt. Manchmal ist diese natürliche Dominanz bei einer Doppelausprägung dann in den Sekundärtyp abgeschoben worden, also aus dem Rot-Typ wird dann durch Konditionierung beispielsweise ein Blau-Rot-Typ, bei dem das Rot gegenüber der Blaudominanz in den Hintergrund tritt. Häufig leben Menschen über Jahre und Jahrzehnte in Rollen und Berufen, die ihrem wahren Typ gar nicht entsprechen, bis bei einer Lebenskrise plötzlich die echten Motive und Bedürfnisse hervorbrechen, wie in unserem Beispiel des Bankers (Seite 106f.). Wenn Menschen nicht authentisch sein können, ist die Gefahr groß, dass sie über kurz oder lang krank werden.

Ganz schlimm finde ich die Entwicklung, dass rotdominante Kinder häufig mit Ritalin «ruhiggestellt» werden, um sie in ihrem Aktivitätsdrang zu bremsen, wenn dieser im Schulsystem unangenehm auffällt! Hier finden unverantwortliche Eingriffe in die Gesundheit junger Menschen statt, die langfristige Folgen haben können: Bei lang anhaltender Einnahme macht Ritalin lethargisch. Stellen Sie sich einmal vor, als Erwachsener würde man Ihnen Medikamente verabreichen, nicht weil Sie krank sind, sondern um Ihre Persönlichkeitsstruktur zu verändern – und das nur, weil gewissen Leuten bestimmte Persönlichkeitsmerkmale an Ihnen nicht passen! Das würden Sie sich gewiss nicht bieten lassen. Doch bei Kindern, die sich nicht wehren und das System nicht durchschauen können, wird es einfach gemacht. Als Eltern können Sie hier jedoch Einspruch erheben und müssen sich solche Medikamente für Ihr Kind nicht aufschwatzen oder aufzwingen lassen.

Ist überhaupt «Hyperaktivität», das typische Merkmal rotdominanter Kinder, etwas Schlimmes? Nein, ist es nicht, nur die Bewertung nach dem Schema eines systemkonformen Denkens macht es zu etwas «Schlechtem», zu einer angeblich negativen Eigenschaft. Wenn Sie ein hyperaktives Kind haben, dann sollten Sie dafür sorgen, dass es beschäftigt ist und ganz viel Bewegung hat. Es sollte einmal pro Tag an seine körperliche Leistungsgrenze kommen. Dazu eignen sich beispielsweise die asiatischen Kampfsportarten (Judo, Karate usw.) sehr gut, bei denen es neben dem intensiven körperlichen Training nicht zuletzt um Respekt vor dem Gegner, die Bewahrung des inneren Gleichgewichts und um Konzentration geht. Damit werden förderliche Eigenschaften geweckt, die sich auch in anderen Lebensbereichen positiv auswirken. Die europäischen Kampfsportarten wie Boxen sind demgegenüber «rücksichtsloser» und kennen weniger den Respekt für den anderen; da geht es mehr ums «Zuschlagen». Ein rotdominantes Kind zum stundenlangen Stillsitzen zu zwingen, damit beispielsweise die Hausaufgaben erledigt werden, bedeutet Stress für das Kind. Daher sollten solche Ruhephasen so kurz wie möglich gehalten werden. Ich schreibe hier aus Erfahrung, weil ich selbst ein rotdominantes Kind war und in der Schule niemals Glanzleistungen erbracht habe. Entweder war ich über- oder unterfordert, aber mit dem Herzen war ich eher selten dabei. Ausgetobt habe ich mich außerhalb der Schule.

Wir können das Schulsystem leider nur langfristig ändern, trotzdem können wir vieles dafür tun, dass sich unsere Kinder entfalten können und sich nicht verbiegen müssen.

Die Frage ist generell: Wollen wir Kinder, die «quadratisch – praktisch – gut» ins System passen und korrekte Staatsbürger sind, oder wollen wir Kinder, die sich selbst verwirklichen und glücklich sind? Auch bei der Kindererziehung gilt: Je mehr wir es verstehen, unsere Kinder *entsprechend ihrem jeweiligen Typ* anzusprechen, desto leichter wird es für sie und für uns. Und desto glücklicher sind unsere Kinder.

Leider machen auch viele Erwachsene in der Kindererziehung den Fehler zu glauben, ihr Kind müsse genauso ticken wie sie selbst, und versuchen dann vergeblich mit Erziehungsmaßnahmen auf sie einzuwirken, die auf ihren Typ, aber nicht auf den des Kindes abgestimmt sind.

Der gründominante Klaus kommt von der Schule nach Hause und erzählt seinem Vater, dass er von Klassenkameraden verprügelt worden ist. Der Vater, selbst rotdominant, ist entsetzt und sagt wütend: «Du darfst dir nichts gefallen lassen! Du musst zurückschlagen!» Klaus kann seinen Vater nicht verstehen und weint. Er hatte erwartet, dass sein Vater ihn in den Arm nimmt und tröstet. Stattdessen wird er jetzt auch noch ausgeschimpft und bekommt ein zweites Mal Prügel, diesmal verbaler Art. Es liegt Klaus nicht, sich mit den anderen Jungs zu raufen, und er ist auch nicht der Typ, der zurückschlägt. Er weiß sich nicht zu helfen. In der Schule wird er auch weiterhin des Öfteren von den anderen verprügelt, traut sich jetzt aber nicht mehr, etwas darüber zu Hause zu erzählen. Deshalb sagt er lieber gar nichts mehr. Der Junge wird immer stiller, und die Eltern fragen sich, warum.

Kinder müssen unterschiedlich erzogen werden, weil sie unterschiedlich *sind* – auch wenn eine Schein-Gerechtigkeit sagt, dass alle gleich erzogen werden müssen. Generell brauchen rotdominante Kinder eine «straffere Hand» in der Erziehung (den Begriff «autoritär» möchte ich bewusst vermeiden), damit sie anderen Kindern und Erwachsenen gegenüber nicht zu aufmüpfig und frech werden. Grün- und blaudominante Kinder hingegen müssen gefordert werden.

Die Unterschiedlichkeit der drei Typen lässt sich schon bei den Verhaltensweisen von Kindern sehr gut beobachten. Ein blaudominantes Kind z. B. wird nicht die Stützräder an seinem Fahrrad abschrauben, nur um zu sehen, dass es umfällt. Es wird die Räder so lange am Fahrrad lassen, bis es ganz sicher ist, dass es sie nicht mehr braucht. Erst dann wechselt es die Ordnung. Grün- und blaudominante Kinder sind auch in ihrem Spielverhalten gegenüber anderen

Kindern ganz unterschiedlich: Gründominanten Kindern ist es egal, *was* gespielt wird, Hauptsache, alle Freunde spielen mit. Blaudominanten Kindern hingegen ist es egal, *wer* mitspielt, Hauptsache, es wird das Lieblingsspiel gespielt. Aufforderungen der Eltern wie «Nun spiel doch endlich mal mit den anderen Kindern!» scheitern darum als Erziehungsmittel, denn sie verurteilen typische Verhaltensweisen des Kindes, und das demotiviert.

Wer mehrere Kinder hat, merkt bald, dass sie womöglich ganz verschieden ticken. Ein guter Freund hat drei Kinder, die alle drei Typen repräsentieren. Wenn ich zu Besuch komme, stürmt als Erstes die rotdominante Tochter Andrea auf mich zu und will mit mir spielerisch kämpfen und rangeln. Der gründominante Sohn Stefan setzt sich auf meinen Schoß, erzählt mir, was er erlebt hat, und möchte, dass ich zuhöre. Und das blaudominante Kind Ulrike lässt sich lange gar nicht blicken, bis es irgendwann etwas schüchtern im Türrahmen steht.

Häufig werden in der westlichen Welt die Kinder nicht nur von der Schule, sondern auch schon von den Eltern in die Richtung der Blaudominanz geschoben, so dass grüne oder rote Merkmale verdrängt werden und sich nicht ausleben dürfen. Das «preußische» Pflicht- und Gehorsamkeitsdenken, das Ordnung, Disziplin, Zuverlässigkeit und Pünktlichkeit in den Vordergrund stellt, wirkt hier seit Jahrhunderten und hat im Nationalsozialismus seine negativen Auswüchse gezeigt. Eine wissenschaftliche Langzeituntersuchung hat ergeben, dass diese Eigenschaften mit 36 Prozent in der deutschen Bevölkerung bis heute am häufigsten vertreten sind (vgl. Correll 2009, S. 62). Der negative Aspekt dieser Eigenschaften liegt in Starre, mangelnder Flexibilität und Schwierigkeiten mit Umstellungen aller Art, z. B. in der Arbeitswelt und im Beruf. Daher haben wir im Geschäftsleben so große Probleme mit *Change-Management.* Wissenschaftlich hat man auch festgestellt, dass die Scheidungsrate bei Menschen, die diese Eigenschaften zeigen, sehr hoch liegt.

Ich beobachte sehr häufig, dass manche Eltern hierzulande ihre

Kinder ständig maßregeln: «Tu dies! Tu jenes nicht!» usw. Selbst wenn die Kinder mit ihren Eltern nur am Strand entlanglaufen und Freizeit haben, wird ihnen ständig erklärt, was sie zu tun und zu lassen haben und was verboten ist. Es ist nur logisch, dass viele Kinder darauf mit Aggressionen reagieren und sie versuchen, irgendwo «Dampf abzulassen» – wenn nicht zu Hause, dann bei ihren Freunden und Kameraden. Ich bin oft in Thailand und habe festgestellt, dass die Kinder sehr viel weniger streiten als bei uns. Wenn dort die Familie am Strand ist, dürfen die Kinder tun und lassen, was sie wollen. Zwar werden die Kinder beobachtet, und es werden ihnen auch Grenzen gesetzt, aber sie werden nicht permanent belehrt, was «richtig» und was «falsch» ist. Das macht das Zusammenleben zwischen Eltern und Kindern viel entspannter und harmonischer.

Häufig versuchen Eltern, ihre eigenen Probleme zu denen ihrer Kinder zu machen. Wer hat denn das Problem, wenn das Kind ein stets unaufgeräumtes Zimmer hat: das Kind oder die Eltern? Es sind *die Eltern*, die es stört, nicht das Kind! Aber dann wird es schwierig. Die Eltern versuchen, das Kind mit allerlei «Erziehungsmaßnahmen» dazu zu bewegen, sein Zimmer aufzuräumen, so z. B. mit Erpressung («Wenn du dein Zimmer nicht in Ordnung bringst, darfst du morgen nicht ins Kino»), mit Drohung («Wenn du dein Zimmer nicht aufräumst, dann wirst du bestraft»), mit Manipulation («Komm, wir suchen jetzt mal … gemeinsam») usw. Im Grunde versuchen die Eltern, mit Verliererstrategien, die Auseinandersetzung, die *sie selbst* angezettelt haben (!), zu gewinnen. Das kann nicht gut gehen. Sie sollten auf jeden Fall Schuldzuweisungen an das Kind vermeiden, denn sie lösen auf der Seite des Kindes nur Rechtfertigungen aus. Das Kind fühlt sich in die Ecke gedrängt und meint, sich verteidigen zu müssen. Es ist jedoch kein «Verlierer», kein «Weichei», kein «Versager» usw. (vgl. Tabelle der Negativbezeichnungen auf S. 76), nur weil es etwas nicht im Sinne der Eltern tut oder tun will. Der Versuch, einem Kind die Ordnungs- oder Wertmaßstäbe der Eltern aufzuzwingen, muss fehlschlagen. Auch lernt das Kind dabei etwas, das es besser nicht lernen sollte, nämlich: «Meine Bedürfnisse sind hier nicht wichtig.» Damit wird bereits der Grundstein für ein schwaches Selbstwertgefühl und für spätere Minderwertigkeitskomplexe gelegt. Außerdem führen Manipulationen dieser Art dazu, dass schon Kindern beigebracht wird, dass Liebe und Zuwendung «knappe Güter» sind, die man sich erst verdienen muss, indem man es den Eltern recht macht. Damit macht man die Kinder steuerbar und manipulierbar; in ihrem späteren Leben sind sie es dann ebenfalls, wenn andere «Autoritäten» (Vorgesetzte, der Staat usw.) ihnen etwas aufzwingen wollen und sie sich dann systemkonform, aber fremdbestimmt verhalten.

In der Kommunikation mit anderen – mit Kindern wie auch mit Erwachsenen – sollte man Du-Botschaften grundsätzlich vermeiden. Du-Botschaften beginnen mit: «Du bist …» Stattdessen sollte man *Ich-Botschaften* verwenden: «Ich habe ein Problem, wenn …» Wenn für das Kind glaubwürdig ist, dass Eltern aus einem bestimmten Grund ein aufgeräumtes Zimmer wünschen – und dieser Grund sollte nicht nur in der Ordnung um ihrer selbst willen liegen –, dann ist es meist auch hilfsbereit und sucht nach Lösungen, um den Eltern zu helfen. Es bringt nichts, einem Kind Disziplin zu predigen, sondern man sollte es laufen lassen, bis es das Problem selbst erkennt und nach Lösungen sucht. Generell sollten Eltern sich weniger als Erzieher und mehr als Coach ihrer Kinder verstehen.

Fragen Sie sich immer zuerst: Geht es meinem Kind gut mit dem, was es tut? Wenn ja, dann entspricht sein Handeln seinem jeweiligen Typ. Wenn nicht, wird es bald selbst entdecken, was besser ist. Lassen Sie dem Kind erst einmal seinen Willen. Meist führt die Verhaltensweise das Kind an sein Ziel, das ihm gut tut.

Wenn der Chef weiß, wie die Mitarbeiter ticken – und umgekehrt

Der richtige Mitarbeiter am richtigen Platz

Ein Unternehmen wurde von drei Brüdern geführt. Als der älteste von ihnen 60 Jahre alt wurde, stand die Nachfolgeregelung an. Einer der Brüder hatte einen Schwiegersohn, der für das Geschäft geeignet schien, und es wurde beschlossen, ihn einzuarbeiten, damit er in absehbarer Zeit die Unternehmensleitung übernehmen konnte. Doch innerhalb weniger Wochen sackte die Stimmung im Unternehmen auf ein katastrophales Niveau ab: Ständig war «shaking hands» angesagt, und der Neue sollte überall ad hoc mit anpacken. Beides missfiel ihm, und er machte nicht mit.

Vieles wurde im Unternehmen schnell und dynamisch geregelt. Daher hatten sich die Brüder daran gewöhnt, ihre Bürotüren immer offen zu halten, um für alle zu sprechen zu sein. Doch der Neue hielt die Tür zu seinem Zimmer immer geschlossen, was die Mitarbeiter irritierte. Nach und nach entstand eine Stimmung des Misstrauens gegen den Neuen, der offensichtlich nicht so recht ins Unternehmen passte. Jetzt wurde ich gerufen und sah, dass die Schwierigkeiten auf den unterschiedlichen Typen im Unternehmen beruhten.

Eine Kurzanalyse der Typen förderte zutage, was Sie vermutlich schon geahnt haben: Die drei Brüder waren rotdominant, während der Neue blaudominant war. Diese Erkenntnis, die die Beteiligten in einem gemeinsamen Seminar gewannen, entkrampfte die Atmosphäre sichtlich, denn nun nahm man das Verhalten des Neuen nicht mehr persönlich. Alle konnten über die Verschiedenartigkeit der Verhaltensweisen lachen, ohne sich davon angegriffen zu fühlen. Zunächst einigte man sich gemeinsam, dass der Neue seine Bürotür ebenfalls geöffnet hielt, allerdings versehen mit einem großen STOP-Schild, damit er weitgehend in Ruhe arbeiten konnte.

Man war sich auch einig darin, dass der Neue als Geschäftsführer nicht geeignet war, weil er als einziger Blauer in die «rote Atmosphäre» nicht hineinpasste. Statt ins Tagesgeschäft einzusteigen, bekam er eine Position im Verwaltungsrat des Unternehmens. Damit war eine gute Lösung für alle Beteiligten wie auch für das Unternehmen gefunden, selbst wenn das Nachfolgeproblem noch nicht erledigt war. Die Brüder wissen nun, dass sie jemanden finden müssen, der einen starken Rot-Anteil in seinem Profil hat, damit er sich im schnelllebigen Tagesgeschäft als Geschäftsführer zurecht findet und in seinem Arbeitsstil zu den anderen Führungskräften passt.

Der richtige Mitarbeiter am richtigen Platz – das ist in allen Unternehmen ein wichtiges Thema, das auch viel mit Arbeitsmotivation zu tun hat. Hier werden große Fehler begangen, häufig deshalb, weil man die Verhaltensweisen des anderen nicht versteht und weil oft gerade darum die Mitarbeiter auf Positionen gesetzt werden, für die sich nicht eignen.

Das beginnt bereits mit der Stellenbeschreibung. Auch hier regiert oft der Sachverstand statt des Menschenverstandes: Wird eine neue Stelle ausgeschrieben, so wird häufig nur die Fachqualifikation in den Vordergrund gestellt, während persönliche Eigenschaften nicht berücksichtigt werden. Menschen scheitern jedoch selten am mangelnden Fachwissen, sondern meist an ihrer Persönlichkeit.

> Wer eine Stelle zu besetzen hat, sollte nicht nur fragen: «Was muss die Person können?», sondern auch: «Welche Art von Persönlichkeit erfordert die Aufgabe?» und: «Mit welchen Worten muss die Stelle ausgeschrieben werden, damit sich geeignete Bewerber melden?»

Um herauszufinden, welche Art von Persönlichkeit die Aufgabe erfordert, ist es notwendig, sich neben der fachlichen Qualifikation das Umfeld (Abteilung, Team), in der die Person arbeiten soll, genau anzusehen. Optimal ist es, wenn zuvor ermittelt wird, welche «Farben» die Kollegen haben. Wie schon im 2. Kapitel ausgeführt, sind heterogene Teams, in denen alle Typen vertreten sind, erfolgreicher als homogene. Primär sollte geschaut werden, welcher Anteil noch im Team fehlt, um für die Position eine geeignete Person zu finden, die genau diesen «fehlenden» Part ausfüllen kann.

Generell ist es vorteilhaft, jemanden einzustellen, der *komplementäre, ergänzende* Persönlichkeitsanteile mitbringt. Doch dazu fehlt leider häufig vielen Chefs der Mut: Sie neigen dazu, eher eine «Kopie» von sich selbst einzustellen als jemanden, der sie ergänzt. Denn auf den ersten Blick scheint man sich mit jemandem, der genauso tickt wie man selbst, besser zu verstehen. So ist z. B. ein Chef, der selbst rotdominant ist, häufig geneigt, eine Sekretärin oder Assistentin einzustellen, die ebenfalls rot ist. Langfristig kann es jedoch hinderlich sein, weil dann gewisse Fähigkeiten fehlen, um die Arbeit «rund» zu machen. Besser wäre für ihn möglicherweise eine Kraft, die blaudominant ist: Sie würde «ihn strukturieren», würde also das tun, was ihm nicht liegt, nämlich eine geordnete Ablage herstellen, Vorgänge ordnen und nachverfolgen – Eigenschaften, die dem sprunghaften Roten fehlen.

Wenn Sie einen Feuerwehr-Kommandanten einstellen wollen, dann sollte er genügend Rot-Anteile haben. Ist er gründominant, dann ist es zum Löschen des Feuers zu spät, bis er die Sache mit seinen Leuten besprochen hat. Ist er blaudominant, dann ist das Haus abgebrannt, bevor er seinen Plan zur Rettung fertig ausgearbeitet hat.

Bewerber im Vorstellungsgespräch beurteilen

Heinrich Hagen wurde zum Vorstellungsgespräch eingeladen; er hat sich auf eine Führungsposition in der EDV eines mittelständischen Familienbetriebs beworben. Ihm gegenüber sitzt die Personalchefin Tanja Fleischauer. Nach der Begrüßung durch Frau Fleischauer und einem kurzen Smalltalk erzählt die Personalchefin ihrem Gegenüber ausführlich, wie sich der Betrieb seit der Gründung durch den legendären Heinz Fischer entwickelt hat. Zwischendurch wird sie immer wieder unterbrochen von Mitarbeitern, die unangemeldet zur Tür hereinschneien und kurz mit ihr sprechen. Frau Fleischauer versäumt es dabei nicht, Herrn

Hagen die Mitarbeiter jeweils vorzustellen und ein paar positive Worte über ihre Arbeit im Unternehmen zu verlieren. Zwischendurch klingelt das Telefon, und Frau Fleischauer führt Gespräche mit den Anrufern.

Inzwischen sind 30 Minuten vergangen, und Herr Hagen fragt sich, wann denn nun das Vorstellungsgespräch endlich beginnt. «Diese Frau Fleischauer ist ja eine rechte Labertasche», denkt er sich. «Ich frage mich nur, wann wir hier endlich zur Sache kommen.» Er hat etliche Unterlagen über Projekte mitgebracht, die er während seiner Berufslaufbahn erfolgreich abgewickelt hat und die er gerne als Referenzen im Vorstellungsgespäch einbringen möchte. «Aber ich komme hier überhaupt nicht zu Wort», denkt er sich, weil er nicht weiß, wo und wie er in dem Redeschwall seines Gegenübers einhaken kann, um das einzubringen, was ihm wichtig ist. Während die Personalchefin wieder weitläufig über die Firma spricht, merkt sie, dass ihr Gegenüber fast die ganze Zeit schweigt. «Welch ein Stockfisch!», denkt sie sich. «Mit dem wird man ja überhaupt nicht warm. Und das, obwohl ich mir solche Mühe gebe, dass er sich hier wohlfühlt in der ungewohnten Umgebung und seine zukünftigen Kollegen schon einmal kennenlernt.»

So geht es noch mindestens 30 weitere Minuten. Herr Hagen hat kaum einmal etwas über seine bisherigen Projekte sagen können, und Frau Fleischauer hat ihn auch wenig nach seiner bisherigen Position oder seinen Vorstellungen, die er mit einer Anstellung im Betrieb verbindet, befragt. Trotzdem hat sie sich ihrer Meinung nach ein zutreffendes Bild des Bewerbers gemacht: «Er ist verschlossen und kann nicht auf Menschen zugehen. Für unseren Betrieb ist er nicht kommunikativ genug», denkt sie. Herr Hagen hingegen kommt zu der Ansicht: «Na, wenn der ganze Laden hier so tickt wie diese Frau Fleischauer, dann weiß ich nicht, ob ich hier richtig bin. Hier wird ja nur gequasselt anstatt gearbeitet.» Beide verabschieden sich höflich voneinander, natürlich ohne ihre Gedanken übereinander offen auszusprechen. Die Stelle wird schließlich anderweitig besetzt.

Achtung! In Vorstellungsgesprächen lauern Fallen, die zu einer *voreingenommenen* Beurteilung des Gegenübers führen können.

Wenn man sich noch nicht näher kennt und oft nur ein einziges Gespräch bis zur Einstellung führt, können Fehlurteile entstehen, die zu Fehlbesetzungen von Positionen führen. Um Fehlurteile zu vermeiden und den Gesprächspartner richtig einzuschätzen, ist es sinnvoll, auch äußere Merkmale miteinzubeziehen.

Einer der typischen Wahrnehmungs- und Beurteilungsfehler, dem auch die beiden «Helden» unserer Geschichte unterlagen, ist der *Halo-Effekt:* Ein bestimmtes Merkmal, das am anderen richtig wahrgenommen wurde, überstrahlt alles Übrige und führt zu einem undifferenzierten Pauschalurteil. Heinrich Hagen, der Blaudominante, hat an Tanja Fleischauer, der Gründominanten, richtig wahrgenommen, dass ihr viel an Kommunikation liegt, während sachliche Fakten offenbar eher im Hintergrund stehen. Daraus schließt er, dass nicht nur Frau Fleischauer, sondern der ganze Betrieb so tickt, also alle Mitarbeiter gründominant sind. Das ist natürlich falsch! Denn in jedem Betrieb sind meistens alle Typen vertreten.

Umgekehrt hat Frau Fleischauer richtig wahrgenommen, dass Herr Hagen eher schweigsam ist. Dass sie ihm allerdings auch wenig Gelegenheit gab, sich und sein Können zu präsentieren, sieht sie nicht. Was sie auch nicht sieht ist, dass die zu besetzende Stelle in der EDV – im Gegensatz zu ihrer Personalabteilung – keine Gründominanz erfordert, sondern eher eine Blaudominanz. Von daher könnte Herr Hagen durchaus der richtige Bewerber gewesen sein, was im Gespräch allerdings nicht geklärt werden konnte. Frau Fleischauer unterlag ebenfalls dem Halo-Effekt: Sie glaubt, dass das, was für ihre Personalabteilung gut ist – nämlich Menschen mit Gründominanz –, auch für den *gesamten Betrieb* gut sein muss. Und das ist nicht der Fall (mehr zum Halo-Effekt und zu weiteren Beurteilungsfehlern im folgenden Kapitel).

Generell ist es in großen Unternehmen keine günstige Entwicklung, dass die Entscheidung, wer eingestellt wird, bei Personalabteilungen liegt, die das Team oder die Abteilung, in der die Person arbeiten soll, gar nicht kennen und nur über die fachlichen Anforderungen, nicht jedoch über die menschlichen Anforderungen Bescheid wissen. Besser ist es, aus der Personalabteilung eine Personaladministration zu machen und die Auswahl der Mitarbeiter von einem heterogen besetzten Team von Führungskräften entscheiden zu lassen. Mit dabei sein sollten vor allem auch zukünftige Kollegen und Chefs, die mit dem Betreffenden zusammenarbeiten werden.

Stellenanzeigen richtig formulieren

Mit den richtigen Worten in der Stellenausschreibung schenken Sie sich nicht nur viel überflüssige Arbeit, weil Sie nicht mit unpassenden Bewerbungen überhäuft werden, sondern Sie sprechen auch genau jene Menschen an, die Sie für die Stelle suchen. Zudem ersparen Sie sich hohe Kosten. Für jedes Unternehmen, egal ob klein oder groß, sind falsch besetzte Positionen teuer: Ein Fehler bei der Einstellung eines Angestellten kann bis zum Eineinhalbfachen des Jahresgehalts kosten. Wenn Sie also jemanden für 60 000 CHF Jahresgehalt einstellen, dann kostet Sie das Auswechseln dieser Person letztlich 90 000 CHF, wobei die emotionalen Kosten noch gar nicht eingerechnet sind.

Bei der Ausformulierung des Anzeigentextes für eine Stelle gilt es, die richtigen *Schlüsselwörter und -formulierungen* in den Anzeigentext hineinzusetzen, um die richtigen Kandidaten anzuziehen. Gerne schmücken sich Anzeigentexte für diverse Stellen mit scheinbar attraktiven Wörtern wie «Leistungslohn», «Karrieremöglichkeiten», «neue Herausforderungen» usw. Schauen wir uns genauer an, wie Menschen Karriere machen: Der Rotdominante «kämpft» sich hoch, und ihn motivieren daher auch die genannten Anreize – aber eben auch nur ihn. Wenn er vom Sekundärtyp her einen Rot-Anteil mitbringt, dann motivieren ihn die Anreize ein wenig, aber nicht vollständig. Der Blaudominante plant seine Karriere und wird befördert, weil er kompetent ist. Er fühlt sich daher von den Begriffen nicht angesprochen und steht ihnen eher gleichgültig gegenüber. Der Gründominante plant seinen beruflichen Weg nicht, und ihn schrecken die genannten Wörter eher ab, weil er dahinter eine «Ellenbogenmentalität» wittert, die ihm fremd ist. Wenn er befördert wird, dann wird er eher «geschoben», weil er beliebt ist.

Wie die richtigen Schlüsselformulierungen lauten könnten, mögen Sie aufgrund der bisherigen Ausführungen bereits erahnen:

- *Textbausteine für Anzeigen, die Rotdominante ansprechen:* «Herausforderung, Anerkennung, Leistungsorientierung, Karrieremöglichkeit, spannende und abwechslungsreiche Aufgabe, Macher gesucht, Powerfrau gesucht. Können Sie schnell entscheiden? Können Sie anpacken? Sind Sie spontan und direkt? Behalten Sie auch in hektischen Situationen den Überblick? Lieben Sie Herausforderungen? Lieben Sie Abwechslung? Rufen Sie an!»
- *Textbausteine für Anzeigen, die Gründominante ansprechen:* «Teamarbeit, familiäre Atmosphäre, sozial geprägte Organisation, gesicherter Arbeitsplatz, Mitsprachemöglichkeit, gerechte Entlohnung, kontaktfreudig, Austauschmöglichkeiten, kollegial, einfühlsam, Kundenkontakt. Können Sie vermitteln? Mögen Sie Menschen?»
- *Textbausteine für Anzeigen, die Blaudominante ansprechen:* «Eigenes Büro, Sicherheit, ruhiger Arbeitsplatz, strategisches Vorgehen, modernste Infrastruktur, genaue Arbeitsweise, vorsichtig, Planer, klare Strukturen. Mögen Sie Zahlen? Können Sie in hektischen Situationen Ruhe bewahren? Arbeiten Sie gründlich und genau? Lieben Sie Fakten? Kontakt via E-Mail.»

Natürlich kann es auch sein, dass Sie für eine auszuschreibende Position einen «Mischtyp» benötigen. Dann können Sie selbstverständlich Schlüsselbegriffe für die beiden Typen in Ihrer Anzeige verwenden. Achten Sie aber darauf, dass der Text mehr Signalwörter enthält, die den Primärtyp ansprechen, als solche, die den Sekundärtyp ansprechen. Beispielsweise wird ein «ruhiger Arbeitsplatz», «strategisches Vorgehen» und «langfristige Planung» (= drei Schlüsselbegriffe) in einer «sozial geprägten Organisation» (= ein Schlüsselbegriff) einen Blau-Grün-Typ ansprechen, wobei der Primäranteil blau ist. – Nach Eingang der Bewerbungen ist es mit Menschenkenntnis dann möglich, schon anhand der Bewerberfotos eine erste Auswahl geeigneter Kandidaten zu treffen, wenn Sie die Typen erkennen.

Übrigens lassen sich ähnliche Schlüsselwörter nicht nur in Stellenanzeigen, sondern auch in *Werbeanzeigen* gezielt einsetzen. Viel zu oft werden Kunden im Marketing nach Einkommen, Familiengröße, Alter und anderen Zielgruppen-Kriterien unterschieden, aber nicht nach den drei Typen. Ein Slogan wie «Vorsprung durch Technik» (Audi) beispielsweise spricht Rot-Blau-Dominante an; auf einen Slogan wie «Machen Sie Ihre Nachbarn neidisch!» reagieren Rotdominante positiv. Gründominante hingegen sprechen auf Schlüsselwörter wie «bequem», «leicht zu bedienen» und «Familie» an; Blaudominante begrüßen die «Wirtschaftlichkeit» oder «Sparsamkeit» eines Produkts. Es lohnt sich für Unternehmen, ihre Werbeanzeigen einmal auf solche Begriffe abzuklopfen, insbesondere wenn sie den Eindruck haben, bestimmte Zielgruppen mit ihrer Werbung nicht zu erreichen. Auch hier gilt: Verwenden Sie die typischen Signalwörter und vermeiden Sie Reizwörter, mit denen Sie die Falschen ansprechen.

Motivation lässt sich nicht automatisieren

Es scheint, dass unsere Arbeitswelt stark von Rotdominanten geprägt ist, weil diese häufig im Mittelpunkt stehen und auffallen. Einerseits ist das verständlich, weil es eben bevorzugt die Roten sind, die Führungspositionen bekleiden und sich dafür engagieren, die «Nummer 1» zu werden und zu bleiben. Andererseits merkt man jedoch auch in vielen Bereichen, dass gerade darum «falsch motiviert» – das heißt «demotiviert» – wird. Immer wieder versuchen die rotdominanten Führungskräfte, alle Mitarbeiter auf die gleichen

Weise zu motivieren, wie sie selbst motiviert würden, nämlich durch Leistungsanreize und Herausforderungen.

Zu spüren ist dies neben Stellenanzeigen z. B. auch im Bereich von Wettbewerbsanreizen: Da werden, besonders im Verkauf, Ranglisten der Besten aufgestellt und Sonderprämien vergeben, manchmal unterstrichen von den verrücktesten Incentives wie Formel-1-Fahren in Südfrankreich und Luxuskreuzfahrten in der Karibik. Blau- und Gründominante werden durch solche Maßnahmen eher demotiviert, weil sie das Konkurrenzdenken fördern. So kommt es dann, dass sich an entsprechenden Wettbewerben wieder nur die Rotdominanten beteiligen, die dann auch die Prämien gewinnen – und dementsprechend wieder als Erste in höhere Positionen aufrücken. Auf der Strecke bleiben alle, die anders ticken, und das kann unter Umständen die Mehrheit der Mitarbeiter im Unternehmen sein. Kein Wunder, dass die Anzahl der Menschen, die motiviert zur Arbeit gehen, gering ist. Der Anteil motiviert Arbeitender liegt gerade noch bei 10 bis 20 Prozent! Wie schon zu Anfang des Kapitels ausgeführt, lässt sich Motivation eben nicht «automatisieren», indem man einfach auf bestimmte Knöpfe drückt.

Die zuverlässigste Strategie, um Mitarbeiter zu motivieren, besteht darin, sie ihren Neigungen und Fähigkeiten entsprechend einzusetzen. Wenn Menschen Tätigkeiten erledigen, für die sie sich kompetent fühlen und die ihnen Spaß machen, arbeiten sie auch effektiv.

Selbst wenn die Arbeit nicht immer reine Freude ist, wird zumindest die allgemeine Zufriedenheit und Motivation deutlich höher liegen. Ein Mitarbeiter, der sich an seinem Arbeitsplatz selbst verwirklichen kann und weder über- noch unterfordert ist, ist *primär motiviert,* engagiert sich also um der Arbeit selbst willen, nicht weil er «Geld verdienen» will oder Ähnliches. Eine hohe Primärmotivation macht auch sekundäre Motivationsfaktoren wie Prämien oder dergleichen zumindest teilweise überflüssig.

Wenn's mit dem Chef nicht klappt

Maria Klingenberg ist Leiterin der Buchhaltung eines mittelständischen Unternehmens. Als kompetente, loyale und gewissenhafte Mitarbeiterin genießt sie das Vertrauen ihrer Vorgesetzten. Sie stellt hohe Ansprüche an sich selbst und ist bemüht, immer alles richtig zu machen. In ihrem Team herrscht eine kollegiale und zugleich sachliche Atmosphäre. Ihre Mitarbeiter schätzen sie fachlich aufgrund ihrer hohen Ansprüche, fürchten sie aber auch wegen ihrer Strenge. «Die Chefin erkennt jeden Fehler auf den ersten Blick», sagt Sabine Ney, «sie hat einen eingebauten TÜV-Blick. Es ist schwer, ihre Anforderungen zu erfüllen.» Frau Klingenberg neigt dazu, ihre Mitarbeiter ständig zu kontrollieren, ob sie ihre Aufgaben planmäßig erledigen, worunter auch Frau Ney leidet. «Die Chefin ist ein echter Kontrolletti! Dauernd schaut sie mir und den anderen Kollegen über die Schulter. Man kann überhaupt nicht in Ruhe arbeiten», denkt Frau Ney und fragt sich, wie sich ihre Situation ändern lässt.

Wie lässt sich das Problem von Frau Ney lösen? Wir haben erfahren, dass man andere nicht verändern kann, dass auch Appelle, Vorwürfe und sonstige «Maßnahmen» nichts bringen. Wie kann sich nun ein Mitarbeiter in einer solchen Situation verhalten? Wenn Sie erkennen, welcher Typ Ihr Chef ist, haben Sie schon halb gewonnen. Natürlich haben Sie schon herausgefunden, dass Maria Klingenberg eine Blaudominanz hat. Folglich geht es ihr um die Sache, nicht um die Person von Sabine Ney. Anstatt sich zu ärgern oder aufzuregen oder frustriert zu reagieren, kann Sabine Ney den Zusammenhang nun richtig interpretieren:

«Frau Klingenberg hat einen hohen Qualitätsanspruch. Sie ist nicht misstrauisch, sondern will, dass alles in Ordnung ist und die Aufgaben exzellent erledigt werden.» Damit ist Sabine Ney aus der Falle aufreibender Konflikte heraus. Die Lösung ihres Problems: Jedes Mal, wenn Frau Klingenberg den Kopf zur Tür des Arbeitszimmers hereinsteckt, gibt sie ihr schon von sich aus detailgenaues Feedback, was sie gemacht hat und wie es mit den Aufgaben steht. Nach einer Weile hört Frau Klingenberg von selbst auf, ständig nachzufragen, und reduziert die An-

zahl ihrer Kontrollen deutlich. Und Frau Ney kann wieder in Ruhe arbeiten.

Wichtig ist es auch im Berufsleben, immer wieder aus der Falle herauszukommen, Dinge «persönlich» zu nehmen, die gar nicht so gemeint sind. Wir haben alle die Neigung, das, was andere tun, auf uns zu beziehen, obwohl es unserem Gegenüber oft gar nicht um die Person geht, sondern um anderes. Im Grunde haben Sie nur wenige Alternativen: Sie können warten, bis sich Ihr Chef ändert, oder Sie können sich über ihn beklagen. Oder Sie können ihn dank Ihrer Menschenkenntnis richtig einschätzen und ihn so behandeln, wie er behandelt werden möchte.

So «verkauft» z. B. ein rotdominanter Ingenieur seinem gründominanten Abteilungsleiter eine «Neuentwicklung» als «Weiterentwicklung des bisherigen Gerätes». Und ein blaudominanter Mitarbeiter verkauft seinem rotdominanten Chef nicht die «erstklassig ausgearbeitete Strategie» auf dem Papier, sondern dass das Team mit dieser Strategie im Unternehmen «Vorsprünge vor anderen Teams gewinnen» kann.

Sie können innerhalb kürzester Zeit einen nervenden Chef (auch einen nervenden Mitarbeiter) «abstellen», indem Sie sich seinen Typ und seine Motive vergegenwärtigen und ihm das geben, was er haben möchte, also seine Grundmotivation befriedigen.

Wenn der Außendienst weiß, wie die Kunden ticken – Verkaufsgespräche

Häufig werde ich von Menschen, die im Verkauf tätig sind, gefragt: «Wie verkauft man *richtig*?» Als ob es eine Art «Patentrezept» für richtig geführte Verkaufsgespräche gäbe. Glücklicherweise gibt es das nicht. Dennoch ist es noch heute in vielen Unternehmen bei Verkäuferschulungen üblich, dass die Verkäufer ein bestimmtes

Skript erhalten, dass sie auswendig lernen und prinzipiell bei allen Gesprächen anwenden müssen. Diese Idee ist wahrscheinlich einem blaudominanten Hirn entsprungen, denn Verkaufsgespräche «stur nach Plan» zu führen und damit alle Kunden gleich zu behandeln, führt eher zu einer niedrigen Abschlussquote. Es wird dazu führen, dass man als Außendienstler höchstwahrscheinlich nur Kunden etwas verkaufen wird, die dem eigenen Typ entsprechen. Beispiele für Firmen, die bestimmte Kundentypen mit ihrer einseitigen Art der Ansprache nicht erreicht haben, habe ich bereits genannt (vgl. S. 65, 70).

> Um jemandem etwas zu verkaufen, ist in erster Linie Menschenkenntnis erforderlich. Das heißt, der Verkäufer sollte sich auf den Typ des Kunden und damit auf seine Motive bzw. Bedürfnisse einstellen und sie berücksichtigen.

Wenn Kunden schwierig sind

Bitte überlegen Sie beim folgenden Verkaufsgespräch, welchen Typ jeweils der Verkäufer und der Kunde repräsentieren und ob die Bedürfnisse des Kunden erfüllt werden (Gespräche nach Trainingsmaterial von Rolf Schirm).

Weber: «*Guten Morgen, Herr Meyer. Mein Name ist Weber. Ich komme von der Firma Brüggemann und bin der Nachfolger von Herrn Sauer. Sie wissen sicher, dass er nicht mehr in der Firma ist.*»

Meyer: «*Guten Tag, Herr Weber. Es freut mich, Sie kennenzulernen. Ja, mit Herrn Sauer kam ich gut klar. Bitte nehmen Sie Platz. Darf ich Ihnen einen Kaffee anbieten? Sie sind doch sicher mit dem Auto gekommen.*»

Weber: «*Nein, ich bin mit dem Zug gekommen. Herr Meyer, haben Sie unseren Brief erhalten?*»

Meyer: «*Ja, ich weiß, worum es geht. Tja, der alte Herr Sauer. Mit ihm habe ich immer prima zusammengearbeitet. Ich hoffe, dass es zwischen uns auch gut läuft.*»

Weber: «*Das wünsche ich mir auch, Herr Meyer. Um noch mal auf den Brief zurückzukommen …*»

Meyer: «*Richtig, der Brief. Tja, immer gleich auf den Punkt kommen, nicht wahr? Wenn man neu ist, dann will man schnell ans Ziel kommen.*»

Weber: «*Genau, Herr Meyer, ich bin auf der ersten Reise durch mein neues Verkaufsgebiet und muss heute noch drei Stationen anfahren. Deshalb bin ich im Moment ein bisschen eingeschränkt. Heute Mittag will ich nämlich schon in Düsseldorf sein.*»

Meyer: «*So, so, in Düsseldorf. Das ist aber schade, denn ich dachte, wir würden heute Mittag zusammen essen gehen.*»

Weber: «*Sehr freundlich von Ihnen, aber verstehen Sie mich …*»

Meyer: «*Natürlich, Herr Weber, das verstehe ich. Kommen wir also zum Projekt.*»

Weber: «*Wenn Sie den Brief gelesen haben, dann ist Ihnen unser Angebot ja klar. Sie haben mit dem Schreiben das ausführliche Programm erhalten. Was halten Sie davon, haben Sie sich schon entschieden?*»

Ist Ihnen inzwischen klar, welchen Typ die beiden jeweils repräsentieren? Der Verkäufer Herr Weber ist rot-blau-dominant, sein Kunde Herr Meyer gründominant. Wird der Kunde die Anlage kaufen, wenn das Gespräch so weitergeht? Achten Sie im weiteren Verlauf noch stärker auf die Bedürfnisse der beiden.

Meyer: «*Nein, ich habe mich noch nicht entschieden. Eigentlich ist ja alles klar, ich kenne Ihre Firma gut, und mit Herrn Sauer habe ich immer vertrauensvoll zusammengearbeitet, also vertraue ich auch Ihnen. Allerdings – wie soll ich mich ausdrücken –, die ganze Anlage ist ein bisschen gewagt. Ich meine, wenn ich darauf einsteige, dann muss ich hier den ganzen Betrieb neu strukturieren. Da muten Sie mir viel zu, fürchte ich.*»

Weber: «*Aber Herr Meyer, das ist doch kein Problem. Dass sich mit einer großen Umstrukturierung vieles verändern muss, versteht sich doch von selbst. Schließlich haben Sie doch Ihre Experten, und für die ist das sicher kein Problem. Und wenn die das nicht schaffen, dann sind wir natürlich auch noch da. Wir kommen mit unserem Team zu Ihnen und bringen alles in kürzester Zeit zum Laufen.»*

Meyer: «*Sehr freundlich, Herr Weber. Ich werde sicher darauf zurückkommen, aber ich glaube, im Moment ist Ihre Zeit eingeschränkt. Sie kommen sonst nicht rechtzeitig nach Düsseldorf. Auf Wiedersehen, Herr Weber. Sie werden von mir hören.»*

Herr Meyer hat als gründominanter Kunde vor allem das Bedürfnis, ein Vertrauensverhältnis zu Herrn Weber aufzubauen. Außerdem ist er als eher vergangenheitsorientierter Mensch der neuen Anlage gegenüber erst mal vorsichtig. Der Verkäufer hingegen möchte so schnell wie möglich die Zusage des Kunden haben. Als gegenwartsorientierter Rotdominanter versteht er die Einwände seines Kunden überhaupt nicht, obwohl bei ihm bei dem Wort «eigentlich» (*«Eigentlich ist alles klar ...»*) die Alarmglocken schrillen müssten. Das ist ein Hilferuf: Der Kunde ist kaufwillig, hat aber noch einige Bedenken. Und «eigentlich» wäre es für den Verkäufer leicht, diese Bedenken auszuräumen, doch er versteht die Motive seines Kunden nicht, tickt anders und reagiert auf einer anderen Wellenlänge. Dementsprechend fühlt sich Herr Meyer überfahren: Er verschließt sich und kauft nicht.

Wie hätte es besser laufen können? Der Verkäufer hätte sich spätestens nach dem Satz «*Eigentlich ist alles klar ...*» dazu entscheiden sollen, mit Herrn Meyer essen zu gehen, um sein Vertrauen zu gewinnen, seine Bedenken auszuräumen und den Verkaufsabschluss zu holen. Er hätte sagen können: «Wissen Sie was, Herr Meyer, ich sage meine sämtlichen anderen Termine ab und nehme mir heute nur Zeit für Sie. Ich lade Sie zum Essen ein und erkläre Ihnen in Ruhe, wie unsere Anlage funktioniert.» Alternativ hätte er auch mit seinem Kunden einen neuen Termin für einen anderen Tag ausmachen können und ihm gleichzeitig versichert, dass er dann mit ihm essen geht und sich Zeit für ihn nimmt.

Beim Mittagessen hätte er ihm die Anlage ausführlich vorstellen können, wobei er hervorgehoben hätte, dass sie nicht «revolutionär neu» ist, sondern eine «Fortführung der alten Anlage, die höhere Leistungen erbringt». Herr Weber hatte angedeutet, dass die Möglichkeit besteht, dass seine Firma Mitarbeiter für die Installation zur Verfügung stellt. Hier bestünde eine erstklassige Chance, dem Kunden zu helfen, doch nicht etwa als Notlösung, wenn der Kunde nicht selbst klarkommt, sondern als *bevorzugte* Lösung. Während des Mittagessens hätte Herr Weber per Telefon klären können, wer in seinem Unternehmen dafür zur Verfügung steht, und gegebenenfalls hätte der Betreffende gleich persönlich mit Herrn Meyer am Telefon sprechen können. Auf diese Weise hätte der Kunde mehr und mehr das Gefühl bekommen, dass er nicht «alleine» dasteht mit dem Kauf einer neuen Anlage, sondern dass er menschliche Unterstützung hat. So hätte sich nach und nach das Vertrauensverhältnis gefestigt, und Herr Weber wäre seinem Verkaufsabschluss näher gekommen – oder wäre sogar mit dem unterschriebenen Vertrag nach Hause gefahren.

Zuteilung von Verkaufsgebieten

Häufig werden in Unternehmen Verkaufsgebiete neu zugeteilt und der Nachfolger hat eine andere Dominanz als sein Vorgänger, was oft zu Problemen führt. Auch im zitierten Verkaufsgespräch ist erkennbar, dass Herr Sauer, der Vorgänger von Herrn Weber, offenbar gründominant war und er darum mit Herrn Meyer bestens klarkam, weil beide gleich tickten. Ich habe einmal erlebt, dass ein blau-roter Außendienst-Chef jedes halbe Jahr die Verkaufsgebiete seiner Verkäufer änderte. «Wissen Sie, ich habe das angeordnet, weil die Verkäufer sonst zu lange mit ihren Kunden zusammenhocken», sagte er mir. Für gründominante Kunden, aber auch für gründominante Verkäufer, die beide langfristige Beziehungen schätzen, ist das geradezu eine Katastrophe: Kaum haben sie Vertrauen aufgebaut, müssen sie wieder neue Gesichter kennenlernen. Dem blau-roten Außendienst-Chef fehlte jedoch die «grüne Ader», und er konnte gar nicht verstehen, dass er auf diese Weise viele

Kunden verlor und etliche seiner Verkäufer immer wieder von vorne anfangen mussten. Eine Stammkundenpflege war praktisch ausgeschlossen.

Dem Kunden genau zuhören

Zum Abschluss dieses Kapitels noch ein zweites Verkaufsgespräch. Achten Sie wieder darauf, wie Verkäufer und Kunde ticken und ob das Gespräch optimal läuft.

Herr Schlomberg: «*Guten Tag, Herr Heuer, ich komme als Nachfolger von Herrn Römer. Tja, der alte Römer, der ist nun in Rente gegangen. Jetzt weiß er nicht so recht, was er mit sich anfangen soll. Er war ja auch wirklich ein ausgezeichneter Kollege und hatte viel Vertrauen bei den Kunden. Herr Heuer, ich möchte Ihnen gleich versichern, dass ich Herrn Römer nachstrebe.*»

Herr Heuer: «*Schon gut, Herr Schlomberg, bitte nehmen Sie Platz. Wir haben also Ihr Angebot bekommen.*»

Herr Schlomberg: «*Herr Heuer, ich höre gerade an Ihrer Sprache, dass Sie aus dem Badischen kommen. Sie kommen doch aus Baden, nicht wahr?*»

Herr Heuer: «*Nein, Sie irren sich, ganz andere Gegend. Ich habe also Ihr Angebot geprüft und das hat wirklich Format, das muss ich schon sagen.*»

Herr Schlomberg: «*Es freut mich, dass Sie das sagen! Und wenn die Anlage erst mal aufgebaut ist, dann geht es hier zu wie auf dem Messeturm*» (lacht).

Herr Heuer: «*Ich habe mir alles eingehend angeschaut, und im Prinzip bin ich einverstanden.*»

Herr Schlomberg: «*Wunderbar!*»

Herr Heuer: «*Nur eines ist für mich noch nicht klar: die Frage des Wärmeaustauschs.*»

Können Sie bereits erkennen, dass der Verkäufer, Herr Schlomberg, gründominant ist, während Herr Heuer, der Kunde, blaudominant ist? Der Verkäufer trifft hier auf einen kühlen, sachlichen

Käufer, der es nicht liebt, wenn man ihm zu nahe kommt (Frage nach dem Dialekt), und der auch für Smalltalk (Anfang des Gesprächs) nicht offen ist. Der Kunde erwartet jetzt detaillierte Informationen über den Wärmeaustausch, und im Grunde wäre es auch einfach, ihm diese zu geben. Lesen Sie nun, wie es stattdessen weiterging:

Herr Schlomberg: «*Wärmeaustausch? Der ist natürlich perfekt gelöst. Wenn unsere Leute etwas konstruieren, dann kann man sich darauf verlassen. Wir haben erstklassige Wissenschaftler, z. B. Herrn Kowalsky. Den müssten Sie eigentlich kennen, der korrespondiert auch viel mit den Kunden. Er hat schon 25 Patente und …*»

Wie Sie gemerkt haben, versucht der gründominante Verkäufer, das Problem des Kunden auf der *Vertrauens*ebene zu lösen: Er nennt vertrauenswürdige Personen, die dafür sprechen, dass kein Problem existiert. Doch der Kunde möchte als Blaudominanter eine Lösung auf der *Sach*ebene. Die dahinter stehenden Menschen interessieren ihn nicht. Deshalb sagt

Herr Heuer: «*Ja, ja, ich kenne Dr. Kowalsky. Wie ist denn nun der Wärmeaustausch gelöst?*»

Herr Schlomberg: «*Herr Heuer, Sie können sich wirklich darauf verlassen, dass dieses Problem bestens gelöst ist von unseren Leuten. Wir machen das doch seit 30 Jahren und haben viel Erfahrung. Sie können uns vertrauen.*»

Herr Heuer: «*Können Sie denn nicht bei Ihrer Firma herauskriegen, wie das Problem gelöst ist?*»

Diese Frage ist so deutlich, dass der Verkäufer jetzt eigentlich reagieren müsste. Stattdessen sagt

Herr Schlomberg: «*Ja natürlich, Herr Heuer, wenn Sie das wünschen, werde ich das natürlich tun, obwohl es eigentlich nicht nötig ist. Es ist ja nur eine Kleinigkeit. Deshalb meine ich, wir könnten jetzt vielleicht schon das Geschäft abschließen. Sehen Sie, das wäre doch für mich sehr schön, wenn ich von dieser ersten Reise einen Abschluss mit nach Hause brächte. Gerade der Auftrag von Ihnen würde mich besonders freuen.*»

Herr Heuer: *«Ja, für Sie wäre das sicher schön. Geben Sie mir eine klare Antwort wegen des Wärmeaustauschs, und ich werde mir Ihr Angebot noch mal überlegen.»*

Der Verkäufer versucht weiterhin, das Problem auf der menschlichen Ebene zu lösen, obwohl der Käufer eine Lösung auf der sachlichen Ebene wünscht. Herr Weber hat dem Kunden nicht genau zugehört, obwohl es bei Blaudominanten einfach ist, ihre Bedürfnisse herauszubekommen. Sie sagen relativ klar und direkt, was sie haben möchten. Wenn nicht, kann man ohne Umschweife danach fragen: «Was benötigen Sie noch, um zu einer Entscheidung zu kommen?» In den Augen eines Blaudominanten wirkt der Verkäufer aufgrund seiner Reaktion schlecht informiert und fachlich nicht kompetent. Natürlich unterschreibt er unter diesen Umständen den Vertrag nicht.

Dabei wäre die Lösung für den Verkäufer einfach gewesen, wenn er die Signale von Herrn Heuer verstanden hätte. Seine Frage «Können Sie denn nicht bei Ihrer Firma herauskriegen …?» war deutlich und zeigt die Lösung auf: Er hätte anrufen und sich gleich mit einem zuständigen Fachmann, z. B. dem genannten Dr. Kowalsky, verbinden lassen können, um sich die Problemlösung erklären zu lassen. Das hätte den Kunden beruhigt. Oder er hätte das Gespräch beendet und Herrn Heuer versichert, dass er sich wieder meldet, sobald er Genaueres weiß. Da Blaudominante ohnehin nicht spontan sind und sich meist nicht sofort entscheiden, wäre es kein Problem gewesen, die Klärung der Frage um einige Tage zu verschieben. Die Frage nach dem Abschluss kam für den Blaudominanten auf jeden Fall viel zu früh.

Ein Verkaufsgespräch läuft immer dann erfolgreich, wenn beide Partner das Gefühl haben, dabei zu gewinnen (Win-win-Situation). Der Käufer fühlt sich als Gewinner, wenn seine Bedürfnisse erfüllt werden, und es ist Sache des Verkäufers, diese Motive zu verstehen und darauf einzugehen.

6. Ticken ohne Tücken – Verliererstrategien überwinden

«Ich bin nämlich eigentlich ganz anders,
aber ich komme nur so selten dazu.»
(Ödön von Horváth)

Wo es falsch tickt – negative Verhaltens- und Sprachmuster

Wir haben in den vergangenen Kapiteln erfahren, wie man Menschen erkennt und wie man sich auf sie einstellt. Das, was uns am meisten daran hindert, uns auf unsere Mitmenschen einzustellen und auf sie einzugehen, sind Verliererstrategien. Als Verliererstrategien oder Loser-Programme (englisch «loser» = Verlierer) bezeichne ich Verhaltens- und Kommunikationsmuster, mit denen wir uns selbst schaden. Wir bekunden mit solchen Mustern nicht nur die mangelnde Wertschätzung anderer, sondern im Grunde auch die mangelnde Wertschätzung für uns selbst. Leider beherrschen wir diese Muster, weil wir sie meist durch schlechte «Vorbilder» erlernt haben: Sie sind im allgemeinen Massendenken der Menschheit verhaftet, und oft haben wir sie einfach durch Beobachtung anderer übernommen, ohne weiter darüber nachzudenken. Sie haben in diesem Kapitel Gelegenheit, Ihre Verhaltens- und Kommunikationsstrategien auf den Prüfstand zu stellen und damit Ihre Menschen- und Selbstkenntnis noch mehr zu erweitern.

Schuldzuweisungen, Vorwürfe und Nörgeleien

Verliererstrategien werden immer dann angewandt, wenn ein Mitmensch bestimmte Erwartungen nicht erfüllt hat. Daraus entsteht eine *Frustration* (lateinisch «frustra» = vergeblich), mit der versucht wird, das Geschehene innerlich und äußerlich zu verarbeiten. Und in diese Verarbeitung schleichen sich negative Muster wie Schuldzuweisungen, Vorwürfe und Nörgeleien ein. Keine Seifenoper, kein Theaterstück und kein Drama funktioniert ohne Schuldzuweisung.

Die erste Frage, wenn etwas nicht wie erwartet eintritt, lautet meist: «Wer ist schuld?» Die Suche nach dem Schuldigen ist nervenaufreibend, zeitraubend und für den, den es dann am Ende trifft, unangenehm bis peinlich. Typischerweise reagiert der «Schuldige», auf den alle mit dem Finger zeigen, mit Rechtfertigungen, weil es für ihn die einzige Möglichkeit ist, sein Gesicht zu wahren.

Ein solches Verhalten können wir uns schenken! Wir sollten uns mit *Lösungen* beschäftigen anstatt mit der Schuldfrage. Anstatt von Schuld zu sprechen, wäre es besser, von «Verantwortung» zu sprechen.

Werden die Hintergründe einer Situation geklärt, so stellt sich bei genauerem Hinsehen meist heraus, dass es nicht nur *einen* Schuldigen gibt, sondern ein Zusammenspiel von Faktoren, an denen *mehrere* Menschen beteiligt waren. Darum ist es produktiver, wenn alle gemeinsam nach einer Lösung suchen, als wenn nur einer als schuldig stigmatisiert wird.

Bei Rotdominanten kommen Schuldzuweisungen oft aggressiv daher, bei Blaudominanten rechthaberisch und belehrend, und bei Gründominanten überwiegt die Enttäuschung über den anderen. Wenn der Rotdominante beginnt zu verstehen, dass seine Art auf einen Gründominanten eher hart wirkt, fällt es ihm leichter, anders zu kommunizieren. Wenn der Blaudominante lernt, dass Menschen nicht belehrt werden wollen und nicht immer die Sachlichkeit im Vordergrund steht, dann findet er neue Wege sich mitzuteilen. Und wenn der Gründominante lernt, nicht alles so persönlich zu nehmen, dann kann er auch anders mit «enttäuschenden» Situationen umgehen.

Schuld zieht leider sehr häufig auch die «Strafe» nach sich, und diese führt ebenfalls nicht weiter, wenn sie auch nach wie vor ein beliebtes Erziehungsmittel ist – und das längst nicht nur bei Kindern, sondern auch für Erwachsene. Ist es nicht beispielsweise völlig unsinnig, Banalitäten wie falsches Parken mit einem «Strafzettel» zu ahnden? Wir sehen, auch der Staat und seine Behörden bedienen sich des Mittels der Bestrafung seiner Bürger, um Verhalten, das nicht systemkonform ist, zu verurteilen. Allerdings ist es offenkundig, dass viele «Strafen» nur ein Vorwand für Abzockerei sind, insbesondere in staatlichen Systemen. Das System «Schuld und Strafe» ist in den Überzeugungen vieler Menschen über Jahrhunderte fest etabliert worden, und deshalb ist es nicht ganz einfach, im persönlichen und beruflichen Umfeld daraus auszusteigen. Hilfreich ist es aber bereits, sich solche Mechanismen bewusst zu machen und in Zukunft andere Wege einzuschlagen, wenn es darum geht, Lösungen für ein Problem zu suchen und alte Gewohnheiten loszulassen.

«Gewohnheiten sind die Fingerabdrücke des Charakters.»
(Alfred Polgar)

Eine Steigerung der Schuldzuweisungen sind *Vorwürfe:* «Du bist immer so und so …», «Warum kannst du nicht endlich das und das … tun?» Vorwürfe senden Du-Botschaften aus, die negative Bewertungen des anderen enthalten. Oft soll nur das *Verhalten* des anderen bewertet werden, was jedoch tatsächlich bewertet wird, ist die *Person!* Und das muss schiefgehen, weil es eine Beziehung zerstört, wenn es des Öfteren oder gar regelmäßig vorkommt. Der andere fühlt sich verletzt, beleidigt und angegriffen – und reagiert oft ebenfalls mit Vorwürfen in die Richtung seines Gegenübers oder mit Rechtfertigungen.

Unsere Mitmenschen haben immer das Recht, sich so zu verhalten, wie sie wollen. Sie dürfen so sein, wie sie sein möchten – Änderungsversuche sind zwecklos. Der andere muss und braucht nicht so zu sein, wie man selbst ist. Die Lösung besteht darin, die *Einstellung* zum anderen und seinem Verhalten zu ändern, anstatt *ihn* ändern zu wollen.

Vor einiger Zeit bat mich ein Ehepaar um Rat. Es war den Partnern bewusst, dass die Beziehung keine Chance mehr hätte, wenn sie so weiterginge wie bisher. Im Gespräch erfuhr ich, dass der Mann vor Jahren fremdgegangen war. Die Frau, eine Gründominante, wurde damit nicht fertig, war nachtragend und erinnerte ihn daran, dass er sie enttäuscht habe. Ihr Mann, ein Blaudominanter, versuchte immer wieder abzuwiegeln: «Wir haben das doch längst besprochen und geklärt, es ist erledigt.» Die Frau hatte unbewusst ein Loser-Programm auf ihrer «Festplatte» im Gehirn installiert und glaubte, das sei der einzige Weg, eine Wiederholung auszuschließen. Als ihr das klar wurde, konnte sie daraus aussteigen und ihrem Mann endgültig verzeihen.

Eine etwas harmlosere, aber ebenfalls zermürbende Variante sind *Nörgeleien.* Meist verbergen sich Hilferufe dahinter: Der Nörgler fühlt sich oft nicht beachtet und möchte mehr Aufmerksamkeit. Niemand mag es gerne, wenn andere an ihm herumnörgeln. Auch hier sollte man nach den Ursachen suchen: Worin besteht wirklich die Unzufriedenheit?

Mit dem Nörgeln verwandt ist das *Frotzeln.* Ist Ihnen schon einmal aufgefallen, dass in den vielen Unterhaltungssendungen im Fernsehen Frotzeln zum alltäglichen und selbstverständlichen Umgangston geworden ist? Wenn die Akteure eines Spielfilms sich unterhalten, dann klingt es oft nur noch nach Frotzeln, nicht mehr nach einer «normalen» Unterhaltung. Man nimmt sich pausenlos gegenseitig auf die Schippe, ohne überhaupt noch ernst zu nehmen, was der andere sagt. Was ursprünglich als gelegentliche, scherzhafte Neckerei und Hänselei gedacht war, weil man den anderen auf den Arm nehmen will, entpuppt sich jedoch auf die Dauer als Nörgelei und Kritisiererei, die das Gegenüber nicht mehr für voll nimmt.

Das Wort «frotzeln» leitet sich von «Fratze» ab und heißt so viel wie «albernes Gerede». Es ist aber wahrscheinlich auch verwandt mit «Frost» und «frieren» – und in der Tat fröstelt es einen schon, wenn man solchen «kalten» Unterhaltungen nur zuhört.

«Kritiker sind Leute, die ursprünglich Henker werden wollten, diesen Beruf aber knapp verfehlt haben.» (Harold Pinter)

Wir haben schon viel gewonnen, wenn es uns gelingt, aus solchen Verliererstrategien auszusteigen. Das Drei-Hirne-Modell ist meiner Ansicht nach ein wichtiger Schritt auf diesem Weg, andere in ihren Verhaltensweisen besser zu verstehen.

Ich ticke ab sofort richtig!

Menschenkenntnis nützt Ihnen nur dann, wenn Sie die Verhaltensweisen eines Menschen nicht nur richtig erkennen, sondern auch *akzeptieren.* Warum fällt uns gerade das so schwer? Weil wir es uns angewöhnt haben, «ganz spontan» zu interpretieren, was der andere macht. Wir nehmen den anderen durch die «Brille» unseres eigenen Verhaltenstyps wahr und bewerten das, was er tut, negativ, weil es uns nicht in den Kram passt, wir etwas anderes erwartet haben oder wir selbst ganz andere Motive und Bewertungsmaßstäbe für unser Handeln haben. Mit anderen Worten: Wir nehmen den anderen nicht so wahr, wie er gesehen werden möchte, sondern *verzerrt.* Wenn wir dann diese Verzerrung auch noch aufblasen, indem wir nicht nur das *Verhalten* des anderen, sondern auch noch seine *Person* bewerten (Du-Botschaften: «Du bist immer so und so …»), dann eskaliert die Sache, denn nun sind Vorwürfen, Rechtfertigungen, Schuldzuweisungen und Nörgeleien Tür und Tor geöffnet.

«Andere zu akzeptieren heißt zu lernen, sich über ihre typischen Eigenarten nicht länger aufzuregen, sondern darüber zu schmunzeln.» (Stöger/Jäger 2004, S. 111)

Wie gehen wir nun vor gegen die typischen «Aufreger» im Alltag? Was machen wir, wenn uns das Verhalten unserer Mitmenschen auf die Palme treibt und wir dazu neigen, mit Vorwürfen, Nörgeleien und Ähnlichem zu reagieren? Schauen wir uns ein Beispiel an:

Thomas gehört zur «Sorte» der Rotdominanten und Kreativen, seine Partnerin Petra ist eine Blaudominante. Als Visionär liegt es Thomas nicht gerade, Ordnung zu halten. Seine getragenen Socken verstreut er liebend gerne über die ganze Wohnung, was Petra bisher immer aufgeregt hat und zu Nörgeleien führte. Sie entscheidet sich, aus diesem Loser-Programm auszusteigen. Statt sich zu ärgern, betrachtet sie ihren Partner ab sofort als fremde, aber faszinierende Spezies. «Aha», sagt sie sich, «kreative Visionäre verteilen ihre Socken also über die ganze Wohnung. Wozu mag das gut sein? Und wie können wir zu einer friedlichen Koexistenz gelangen?» Die neue Sichtweise muss sie einige Male «trainieren», bis es tatsächlich funktioniert. Auf Anhieb gelingt es ihr nicht, aus dem alten Muster herauszukommen, weil der Ärger über diese schlechte Angewohnheit sich in ihr schon festgenagt hatte.

Schließlich hat sie eine tolle Idee: An jeden der herumliegenden Socken heftet sie mit einer Nadel ein unübersehbares rotes Schildchen mit der Aufschrift: «Ich liebe dich!» In ihre Sockenaktion bezieht sie gleich auch diejenigen Socken ein, die noch geordnet im Schrank liegen. Als Thomas nach Hause kommt, wundert er sich über die vielen roten «Eyecatcher», die ihm in der Wohnung ins Auge stechen. Die verstreuten Socken waren ihm bisher gar nicht aufgefallen, aber die roten Schilder schon. Seine Partnerin fordert ihn auf, alle roten Schildchen zu lesen, was er auch tut. Als er den Witz erkennt, fangen natürlich beide an zu lachen, und Thomas sieht ein, dass es so nicht weitergehen kann. Es wird eine rote Kiste mit einem «Ich liebe dich!»-Herzchen darauf angeschafft, in der er ab sofort seine getragenen Socken sammelt.

Mit Humor und Witz lässt sich so manches zwischenmenschliche Problem lösen. Schauen wir uns genauer an, wie man Schritt für Schritt in schwierigen Situationen vorgeht und aus Loser-Programmen aussteigt:

1. Sie beobachten wiederholt ein bestimmtes Verhalten an Ihrem Partner, Ihrem Kind, Ihrem Chef usw., das ihnen missfällt.
2. Sie stellen jegliche negative Bewertung oder Interpretation des Verhaltens zurück (vgl. Tabelle S. 76). Sie vermeiden außerdem negative Bewertungen der Person!
3. Sie tolerieren und akzeptieren das Geschehene.
4. Sie aktivieren Ihre Menschenkenntnis, das heißt, Sie ordnen das beobachtete Verhalten dem jeweiligen Verhaltenstyp zu.
5. Sie bemühen sich um eine «neutrale», wertfreie Sichtweise der Situation und des Verhaltens des anderen.
6. Sie gehen auf Vorwürfe und Nörgeleien des anderen nicht ein und lassen sie ins Leere laufen.
7. Sie fokussieren das Ziel: Was wollen Sie wirklich erreichen?
8. Ihnen fällt eine Lösungsmöglichkeit ein, z. B. argumentieren Sie gegenüber dem Betreffenden entsprechend seinen Motiven und verwenden Signalwörter, die ihn ansprechen. Kommunizieren Sie klar und deutlich, nicht «hinten rum».
9. Hüten Sie sich vor der Ansicht, der andere müsse sich daraufhin «ändern»! Bleiben Sie gelassen, wenn sich nichts ändert.
10. Testen Sie weitere Lösungsmöglichkeiten. Humor könnte helfen.
11. Beobachten Sie die Wirkung. Wenn sich etwas ändert, freuen Sie sich. Wenn sich immer noch nichts ändert, bleiben Sie weiterhin gelassen und akzeptieren Sie das Geschehen!

Sie sehen, dass es keine Universallösung für derartige Probleme gibt. Möglicherweise ändert sich nichts, auch wenn Sie sich tolle Ideen einfallen lassen und gut argumentieren. Meiner Erfahrung nach bewegt sich jedoch in 70 bis 90 Prozent der Fälle etwas zum Positiven, wenn man es schafft, die Motive des anderen anzusprechen. Manchmal sind dafür einige Wiederholungen nötig: Steter Tropfen höhlt den Stein.

Der springende Punkt ist, immer in der (heiteren) Gelassenheit und Akzeptanz der Situation und des Menschen zu bleiben, anstatt in Interpretationen, also in negative Bewertungen, zu verfallen. Die unreflektierte Mischung aus Verhaltensbeobachtung und Interpretation ist es, die in die Enge führt. Denn genau an dieser Stelle, wo sich die negativen Bewertungen einschleichen, fährt sich die Kommunikation fest und «dreht» bei Wiederholung desselben Verhaltens bei den Beteiligten meist immer wieder die gleichen «Schleifen», und zwar so lange, bis die Beziehung zerrüttet ist. Man kann den anderen nicht zwingen, sich so zu verhalten, wie man selbst es möchte. Manipulationen aller Art sind zwecklos. Menschenkenntnis ist das Gegenteil von negativen Wertungen. Deshalb sollte man sich jeden negativen Kommentar verkneifen bzw. innerlich beiseite stellen.

> «Menschen, an denen nichts auszusetzen ist, haben nur einen, allerdings entscheidenden Fehler: Sie sind uninteressant.»
> (Zsa Zsa Gabor)

Sprachmuster

Nicht nur im Verhalten, sondern auch in der Sprache gibt es typische Muster, die man vermeiden sollte. Hören Sie, dass ein anderer die Muster verwendet, so können Sie bestimmte Rückschlüsse ziehen. Fassen Sie die folgenden Wörter als Signal auf, dass Sie genauer nachfragen sollten:

- «Ja, aber ...» = Hinweis auf eine Suche nach Alternativen
- «Man» = Hinweis, dass jemand die Verantwortung abgibt
- «Ganz ehrlich» = Zweifel an der grundsätzlichen Ehrlichkeit
- «Eigentlich» = Hinweise auf Unsicherheit (da fehlt noch etwas)
- «Warum» = Hinweis auf Gefahr, Probleme zu begründen

Kennen Sie Menschen, die häufig «Ja, aber ...» sagen? Wie fühlen Sie sich, wenn Sie das hören – wenn Ihr Partner beispielsweise zu Ihnen sagt: «Ich liebe dich ja, aber ...»? Wie wirkt das auf Sie? Meist stellt der Ausdruck alles in Frage, was zuvor gesagt wurde. «Ja, aber»-Sager sind häufig Kritiker, die besserwisserisch wirken und mit denen es niemand lange aushält. Vermeiden Sie selbst diese Wendung, aber bleiben Sie tolerant, wenn andere sie benutzen.

Anja trommelt ihre Mitarbeiterinnen zusammen, um etwas mit ihnen zu besprechen. Liebenswürdig erklärt sie: «Ich habe folgendes Problem. Bis zur Messe in 14 Tagen muss noch der Stand organisiert werden, es müssen die Stellwände geordert werden, und die Prospekte für die Teilnehmer müssen aus der Druckerei abgeholt werden. Außerdem muss mit der Messeleitung noch die Beleuchtung des Standes abgesprochen werden. Leider bin ich bisher zu all dem nicht gekommen, weil ich für den Chef eine wichtige Arbeit erledigen musste. Würdet ihr mir wohl bitte helfen? Gerne revanchiere ich mich nach der Messe mit einem tollen Essen bei euch!»

Die Mitarbeiterinnen wollen freudig mit anpacken und machen der Reihe nach Vorschläge, wie sie vorgehen wollen und wer was übernehmen könnte. Doch jeden Lösungsvorschlag, den die Kolleginnen vorbringen, schmettert Anja ab: «Ja, aber ich weiß nicht, ob die Prospekte schon fertig gedruckt sind.», «Ehrlich gesagt, halte ich diese Beleuchtung nicht für optimal», «Eigentlich ist der Michael dafür der bessere Ansprechpartner» «Ja, aber so haben wir das noch nie gemacht», «Das ist eine großartige Idee, nur leider funktioniert es nicht!» usw. Mit ihrem fortgesetzten «Ja, aber ...» fesselt sie die Aufmerksamkeit der anderen, beschäftigt ihr Denken (blau) und hält sie in Aktivität (rot). Bald geht es nur noch darum, wer den besten Vorschlag macht. Die Lösungsphase zieht sich in die Länge, derweil Antje in Zuwendung badet und zugleich immer kritischer wird. Schließlich resümiert sie: «Eure Vorschläge haben mich tief bewegt. Aber ich sehe, ihr könnt mein Problem nicht lösen!» Die wahre unausgesprochene Botschaft, die sie sendet, lautet: «Ihr seid unfähig!» Die Kolleginnen reagieren frustriert, enttäuscht und verärgert.

Ist Ihnen schon einmal aufgefallen, dass viele Menschen «man» sagen, wenn sie «ich» meinen? «Man sollte jetzt dies oder das tun» statt «Ich sollte jetzt … tun». «Man» wirkt verallgemeinernd und ist ein Hinweis, dass jemand seine Verantwortung nicht übernehmen will. «Man» ist auch Ausdruck dafür, dass sich jemand im allgemeinen Massendenken wohlfühlt: Er hat Angst, sich zu exponieren, und versteckt sich hinter dem, was vermeintlich *alle* tun. Eine Aussage in Ich- oder Wir-Form wirkt überzeugender und selbstbewusster. Ersetzen Sie in Ihrem eigenen Sprachgebrauch «man» durch «ich» oder «wir», es sei denn, Sie meinen keine bestimmte Person und wollen ganz bewusst etwas verallgemeinern.

Vor einiger Zeit besuchte mich jemand, der mir etwas erzählen wollte. Sein Satz begann mit: «Jetzt aber mal ehrlich …», worauf ich ihn fragte, ob er denn sonst nicht ehrlich sei. Da wurde er nachdenklich. Einige Wochen später rief er mich an und berichtete, er habe sich immer gewundert, dass ihm viele Menschen mit Misstrauen begegneten. Nun wäre ihm klar, warum. «Mal ganz ehrlich» signalisiert genau das Gegenteil von Ehrlichkeit. Haben Sie gerne mit Menschen zu tun, die unehrlich wirken?

Wörter wie «eigentlich» und «vielleicht» signalisieren in vielen Situationen wenig Selbstvertrauen: «Eigentlich sollten wir das und das tun, «Vielleicht sollte man das und das tun». Wer so spricht, zeigt, dass er unsicher ist. Allerdings muss angemerkt werden, dass gerade das Wort «eigentlich» heute besonders häufig ironisch benutzt wird, was dann mit Selbstvertrauen nichts zu tun hat, z. B. in Redewendungen wie: «Eigentlich ist heute Dienstag.»

Die Frage nach dem «Warum» führt tiefer in ein Problem hinein. Der Gefragte ist damit beschäftigt, Gründe zu suchen, aber es ändert sich nichts. Statt problemorientiert nach dem Warum zu fragen, sollten Sie lieber zielorientiert nach dem Wie fragen, also z. B. nicht sagen: «Warum kommst du zu spät?», sondern: «Wie schaffst du es, ab jetzt pünktlich zu sein?»

Achten Sie darauf, welche Menschen in Ihrer Umgebung solche Signalwörter verwenden und wie sie auf Sie wirken. In diesen Wörtern stecken mehr Informationen, als es scheint. Selbst wenn Menschen versuchen, etwas anderes auszudrücken, können Sie mit Sensibilität für diese «Gefahrenwörter» entsprechend reagieren.

Wahrnehmungsfilter und Beurteilungsfehler vermeiden

Typische Blau-, Rot- und Grün-Filter

Ganz gleich, was in der Außenwelt geschieht, in jedem Gehirn kommen letztlich *andere* Informationen an. Wenn die Informationen erst den Kopf erreicht haben, geht die Filterung noch weiter: Unser Gehirn vergleicht sie mit bereits vorhandenen Informationen und Erfahrungen, und Assoziationen werden hergestellt. Das Ergebnis beeinflusst dann unser Verhalten nach außen – allerdings können wir unser Verhalten *selbst steuern* und sind ihm nicht ausgeliefert. Es gibt einige typbedingte Wahrnehmungsfilter, die wir uns bewusst machen wollen, um voreiliges Verhalten und negative Verhaltensmuster zu vermeiden:

Systematisch oder sprunghaft: Der Blaudominante wird Informationen fast automatisch sortieren und in eine Ordnung bringen, die ihm logisch erscheint. Im Beruf braucht er klare Vorgehensweisen, ansonsten ist er überfordert. Der Rot- und der Gründominante hingegen verhalten sich eher sprunghaft im Denken. Sie haben nicht das Bedürfnis, Dinge, Informationen oder Situationen zu ordnen, bevor sie handeln.

Vom Großen zum Kleinen (top-down) oder vom Kleinen zum Großen (bottom-up): Der Rotdominante neigt dazu, mit dem großen (Ent-)Wurf zu beginnen, die Details der Umsetzung überlässt er gerne anderen. Der Gründominante neigt zum umgekehrten Vorgehen: Er baut aus dem Kleinen das Große. Wenn er beispielsweise lange genug in kleinen Schritten eine Beziehung aufgebaut hat, dann kann sich etwas Größeres daraus entwickeln, das weitere Kreise zieht. Der Blaudominante hat je nach Sekundärtyp keine Präferenz, Hauptsache, das Ganze baut sich für ihn logisch auf. Er kann sowohl mit dem Kleinen anfangen und daraus etwas Größeres entwickeln (induktives Vorgehen) als auch mit dem Überblick über das große Ganze anfangen und daraus die Details ableiten (deduktives Vorgehen).

Konkurrenz oder Kooperation: Der Rotdominante neigt zum Konkurrenzdenken und will besser sein als andere, der Gründominante ist kooperationsbereit und versteht sich als Gleicher unter Gleichen. Der Blaudominante neigt eher zur Konkurrenz, allerdings in der Sache, nicht im Status. Wenn er eine Sache für richtig hält, tut er alles, um sie in seinem Sinne durchzufechten und kann dabei auch gegen andere Ansichten konkurrieren.

Neu oder altbewährt: Den Rotdominanten fasziniert alles Neue, weil es ihm «Abenteuer» und Abwechslung verspricht. Der Grüne setzt auf das Altbewährte, weil es ihm Vertrauen verspricht. Der Blaue neigt zur Sicherheit, ist aber Neuem gegenüber aufgeschlossen, weil es neue Möglichkeiten in der Zukunft eröffnet.

Konkret-praktisch oder abstrakt-theoretisch: Dem Abstrakten ist der Blaudominante am ehesten zugeneigt. Er kann sich im Theoretisieren verlieren, was anderen welt- oder lebensfremd erscheinen mag. Der Rot- und der Gründominante sind eher dem Konkreten zugeneigt: Sie konzentrieren sich auf die jeweilige Situation.

Rational oder emotional: Der Blaudominante verarbeitet Informationen rational, der Gründominante emotional und oft zu persönlich. Der Rotdominante bevorzugt ebenfalls die emotionale Verarbeitung, wobei er die Dinge stärker auf sich und seine Person bezieht.

Gleichheit oder Unterschied: Stets an gleiche Orte reisen, Lieblingsspeisen und -getränke wählen, gleiche Vorlieben und Hobbys wie der Partner oder die Freunde haben – durch die Wiederholung von Gleichem entsteht ein angenehmes Gefühl von Sicherheit, Harmonie und Vertrauen. Gemeinsamkeiten von Menschen sind nicht nur die Basis für Beziehungen und für Treue, sondern liefern auch das Fundament für die Weiterentwicklung. Der Filter der Gleichheit, der vor allem bei Gründominanten aktiv ist, sorgt für Orientierung an Fragen wie: «Was kenne ich bereits?», «Was kommt mir bekannt vor?» oder: «Was haben wir gemeinsam?» Indem nach Ähnlichkeiten von Dingen, Ereignissen oder Menschen gefragt wird, ist es leichter möglich, den anderen und das andere zu verstehen. Im Beruf sorgt die Wiederholung gleicher Abläufe oder ähnlicher Aufgaben, wie sie durch Spezialisierung entsteht, für die Kompetenz auf einem Gebiet: Sie fördert eine ausgeprägte Unterscheidungsfähigkeit und lässt Details genauer erkennen.

Wer die Welt durch den Filter des Unterschieds wahrnimmt, den drängt es, Neues kennenzulernen und zu erforschen, der liebt Unbekanntes. Er will über den Tellerrand hinausschauen, andere Kulturen und Länder erobern, in die Tiefen des Weltalls oder in die Winzigkeiten des Atoms vordringen. Der Forscherdrang und die Neugier sind der Motor und die Voraussetzung für Weiterentwicklung. Eine andere Facette dieses Filters ist der Wunsch, anders zu sein als andere, etwas Einzigartiges und Besonderes zu leisten, z. B. der Erste zu sein, der einen Berg besteigt, oder eine Weltmeisterschaft zu gewinnen. Der Mensch sehnt sich danach, durch sein Tun oder seine Nachkommenschaft Spuren zu hinterlassen.

Der Filter des Unterschieds ist eher bei Blau- und bei Rotdominanten ausgeprägt. Rotdominante freuen sich über die Vielfalt und gehen bis ins hohe Alter mit Kinderaugen durch die Welt, in der es immer wieder Neues zu entdecken gibt. Aussagen wie «Ein Leben im Wandel» oder «Alles fließt» motivieren sie, besser oder zumindest anders als andere zu werden. Blaudominante achten aufgrund ihres ausgeprägten Sinns für Unterschiede besonders auf Widersprüche und Unstimmigkeiten und gelangen so zu klaren Erkenntnissen über Sachverhalte oder Verhaltensweisen. Auf andere kann das wachsam und klug wirken, ihnen manchmal aber auch als «arrogante Besserwisserei» auf den Wecker gehen.

Wer den Drang hat, Dingen auf den Grund zu gehen, stellt Fragen wie: «Was genau ist hier anders?», «Was macht den Unterschied?» und: «Was kann ich verändern, damit es besser wird?» Ist etwas unklar oder unverständlich, steht die Frage nach dem, was anders ist, im Vordergrund. Viele Berufe erfordern den Unterschiedsfilter: Der Arzt braucht ihn für die Diagnose und den Behandlungsplan, die Führungskraft optimiert damit ein Unternehmen, Rechtsanwalt und Richter müssen ihre Aussagen genau abwägen und Sportler müssen eine Hundertstelsekunde schneller sein, um einen Rekord zu brechen. Auch privat hat der Filter Vorteile: Um langjährige Partnerschaften und Freundschaften aufzufrischen, kann man der Frage nachgehen: Was genau können wir Neues miteinander tun und aneinander entdecken?

Spezifisch oder global: Menschen mit einem Filter für das Spezifische – meist Blaudominante – sind detailorientiert und bevorzugen kleine, transparente Informationseinheiten. Sie stellen präzise Fragen, interessieren sich für konkrete Daten, und die fünfte Stelle hinter dem Komma errechnen sie genau. Präzision motiviert sie, und Flüchtigkeitsfehler gibt es kaum. Sie sind erstklassige Korrektoren und Qualitätsmanager, besonders dann, wenn sie auch noch den Unterschiedsfilter nutzen. Mit ihrer Korrektheit und Perfektion erledigen sie ihre Aufgaben konzentriert, zuverlässig und stimmig bis ins Detail. Wer spezifisch denkt, bevorzugt ein induktives Vorgehen, fügt einen Puzzlestein an den anderen, erkennt die Verbindungen dazwischen und kann Sachverhalte (re-)konstruieren. Er ist hochmotiviert, eines nach dem anderen abzuarbeiten und genau nach Plan oder Vorschrift vorzugehen.

Menschen mit diesem Filter drücken sich konkret aus und erwarten dies auch von anderen. Statt weitschweifiger Theorien bevorzugen sie den Blick aufs Detail und stellen Fragen wie: «Was konkret?», «Wie genau?», «Wie sehen die Einzelheiten aus?» Eine spezifische Detailorientierung ist eine Voraussetzung für Berufe wie Controller, Forscher, Arzt und Pilot.

Durch den Global-Filter nehmen meist Rotdominante die Welt wahr: Sie wollen den Überblick, möchten die Gesamtheit im Fokus haben und erkennen Zusammenhänge. Die «Vogelperspektive» bedeutet zwar Distanz zum Geschehen, führt aber auch zur Übersicht über schwierige Sachverhalte. Befreit von Details erlaubt der Global-Filter Visionen, Fantasie und Kreativität. So werden z. B. systemische Abläufe klar, Sinnfragen beantwortet und umfassende mathematische Probleme gelöst. Menschen mit dem Global-Filter schwelgen in Ideen und erkennen den Wald im Ganzen, ohne sich in der Betrachtung einzelner Bäume zu verlieren. Ist eine Situation verfahren oder ein Problem in der Sackgasse gelandet, so kann mit Hilfe dieses Filters aus dem Abstand die übergeordnete Bedeutung aufgedeckt und eine neue Orientierung geschaffen werden. Typische Fragen aus der Vogelperspektive lauten: «Wofür ist das im Ganzen gut?», «Ist das langfristig sinnvoll?», «Welche Bedeutung hat das auf einer höheren Ebene?» oder: «Wie sieht das, mit Abstand betrachtet, aus?» Beruflich ist der Global-Filter z. B. nützlich für Manager und Führungskräfte, die die Kompetenz benötigen, globale Zusammenhänge zu erkennen und die Mechanismen des Marktes und des Unternehmens zu verstehen, und für Ärzte, die Diagnosen für ganzheitliche Behandlungen stellen wollen, anstatt lediglich Symptome zu behandeln.

Dinge oder Menschen: Menschen mit dem Filter für Dinge – meist Blau- und Rotdominante mit sekundärem Blauanteil – erschließen die Welt mehr über das Denken und den Bezug zu Fakten und Gegenständen als über den Kontakt zu Menschen. Sie nehmen Zusammenhänge nüchtern wahr, schauen auf Dinge, Objekte, Tatsachen, Fakten und Zahlen, streben nach Objektivität und erfassen schnell komplexe Sachverhalte. Sie beeindrucken durch kühne Urteilskraft, denken schnell, logisch und analytisch.

Manchmal spielen materielle Güter eine große Rolle bei ihnen, z. B. Geldanlagen, teure Autos, Immobilien und andere Statussymbole. Oder es stehen andere «Dinglichkeiten» im Vordergrund wie die Vorliebe für logische und theoretische Konzepte aus dem Bereich der Wissenschaft. Mit dem Filter für Dinge lässt man sich nicht so schnell in menschliche Verstrickungen hineinziehen, kann sich gut abgrenzen und Krisen analytisch bewältigen. Durch Distanz zu Menschen sind kritische Betrachtungen und strategisches Vorgehen möglich, ebenso die Organisation und Steuerung komplexer Systeme. An Dingen orientierte Menschen sind bei schwierigen Aufgaben als scharfsinnige und intelligente Berater gefragt, z. B. in Berufen wie Anlageberater, Rechtsanwalt, Unternehmer und Wirtschaftsprüfer.

Gründominante nehmen die Welt meist durch den Filter für Menschen wahr. Sie kümmern sich um zwischenmenschliche Bedürfnisse, pflegen ihre Kontakte und verfügen über eine gute Kommunikations- und Empathiefähigkeit. Sie können Kontakte herstellen und vermitteln, verfügen über ein großes Netzwerk und sind oft als aufmerksame und freundliche Zuhörer beliebt, die auf die Wünsche anderer eingehen. Hilfsbereitschaft und Fürsorglichkeit haben einen hohen Stellenwert und bewirken ein angenehmes soziales Umfeld, das Kontakte ermöglicht und erhält. Als Freund, Partner, in der Familie und unter Kollegen gelten sie als treu und harmonisch. Menschen mit diesem Filter lieben das Wir-Gefühl und die Geselligkeit bei Besprechungen, Festen und anderen Zusammenkünften. Sie mögen Teams und Aufgaben in der Gruppe. Mit einem Sensor für Stimmung und Atmosphäre in Gruppen wissen sie stets, was gerade gebraucht wird und wo sich Krisen ankündigen. Das muss nicht einmal in verbaler Form sein, sondern kann in meisterhafter Weise auch nonverbal geschehen. Wer einen Wahrnehmungsfilter für Menschen hat, eignet sich als Verhandler oder Vermittler und ist in helfenden Berufen tätig, z. B. als Krankenschwester, Therapeut, im Pflegedienst oder in der Sozialarbeit.

Andere oder selbst: Menschen mit dem Filter für andere, häufig Gründominante, konzentrieren sich weniger auf die eigene Person als auf die Bedürfnisse von anderen. Wertschätzung und Rücksichtnahme sind essenziell, und auch Bescheidenheit passt dazu. Mit ihrem Riecher für die Bedürfnisse anderer sind sie fürsorglich und unterstützend, wo immer Hilfe benötigt wird. Fragen wie «Was kann ich tun, damit sich andere noch wohler fühlen?», «Was braucht die Gruppe?» oder «Wie geht es dem anderen?» stehen im Mittelpunkt ihres Denkens. Menschen mit diesem Filter verfügen über eine sehr gute Beobachtungsgabe und Menschenkenntnis. Sie sind vertraut mit den Vorlieben und Schwächen in ihrer Umgebung. Privat sind sie voller Liebe und Verständnis für die Sorgen und Nöte anderer. Die Fähigkeit, ein Team zu leiten und Kontakte herzustellen, Kollegialität und harmonische Geschäftsbeziehungen haben für sie einen hohen Stellenwert.

Menschen mit dem Selbst-Filter, meist Rot- und Blau-Dominante, sind in ihrer Wahrnehmung primär auf sich bezogen. Selbstverwirklichung ist für sie ein großes Thema. Sie erkennen ihre Vorteile und fühlen sich vor allem für sich selbst verantwortlich. Wenn es um Fehler geht, fassen sie sich an die eigene Nase und schieben die Schuld nicht auf andere. Ihre Aufmerksamkeit gilt ihren eigenen Zielen und der Erfüllung eigener Bedürfnisse. Sie mögen sich selbst und äußern sich, wenn ihnen etwas fehlt. Bei Konflikten setzen sie sich durch und behalten dabei stets die eigenen Bedürfnisse im Auge, was auf andere kraftvoll und bestimmt wirkt. Ihr Selbstbezug ermöglicht ihnen eine starke Entschluss- und Entscheidungskraft. Sie orientieren sich an Fragen wie: «Wie nutzt mir das?», «Was habe ich davon?» und: «Wie kann ich hier das beste Bild abgeben?» Häufig sind Menschen mit einem starken Selbst-Filter Meinungsbildner und Vorreiter für Ideen, Projekte und Pläne jeglicher Art.

Dissoziiert oder assoziiert: Dissoziiert zu sein bedeutet, die Welt aus der Beobachterposition wahrzunehmen und durch den inneren Abstand zu Menschen und Dingen den Überblick zu haben. Durch das «emotionslose Wahrnehmen» wird nicht an problematischen Gefühlen festgehalten; man lässt sich von negativen Stimmungen nicht anstecken oder aufsaugen und löst Konflikte aus einer inneren Distanz. Der Blick des Beobachters bewirkt ein hohes Maß an Verständnis bei der Reflexion vergangener Situationen und beim geistigen Durchspielen von Ereignissen, um diese bereits vor Eintreten zu optimieren. Die dissoziierte Position erlaubt es, neue Bedeutungen zu kreieren und in Lösungen umzuwandeln. In schwierigen Situationen ermöglicht sie es, das eigene Verhalten und das anderer zu analysieren und zu verstehen. Mit Disziplin wird man in einer sauber dissoziierten Position zu seinem eigenen Coach und zum besten Coach für andere. Da sie die eigene Wahrnehmungs- und Analysefähigkeit steigert, ist die dissoziierte Position auch ein erstklassiger Schlüssel zur persönlichen Weiterentwicklung, zu Selbstverantwortung und zu persönlicher Freiheit.

Während die dissoziierte Position eher dem Blaudominanten liegt, ist die assoziierte Position eher eine Sache der Rot- und Gründominanten. Ist dieser Filter aktiv, so hat man eine klare innere Anbindung an die eigenen Gefühle und Denkprozesse. Man fühlt sich stimmig und kann dies auch nach außen hin ausdrücken. Der Assoziierte erlebt seine Wahrnehmung unmittelbar, ohne dass sie durch kognitive Prozesse gestört wird. Er empfindet Begeisterung, Freude und andere angenehme Gefühle genauso intensiv wie Trauer oder Wut. Ein assoziiertes Kommunikationsverhalten im Sinne des Verstehens von anderen ist leicht nachvollziehbar: Es gibt kein langes Herumrätseln, was der Betreffende meint, und seine Aussagen kommen 1:1 herüber: Denken, Fühlen und Handeln bilden eine Einheit. Auf die Mitmenschen wirkt solches Auftreten kongruent. Die eindeutigen Aussagen eines Menschen, der assoziiert kommuniziert, berühren den Zuhörer und wirken echt, authentisch und offen. Seine Botschaften kommen beim Gegenüber an. Im assoziierten Zustand haben wir einen maximalen Zugang zu unseren Gefühlen. Was wir tun, geschieht dann mit voller innerer Beteiligung und großer Intensität im Erleben, so dass tiefe Eindrücke entstehen.

Professionelle Sprecher oder Trainer, Schauspieler und z. B. auch Mütter, die mit ihrem Kind sprechen, sollten ihre Botschaften assoziiert weitergeben. So wirken sie lebendig, energiegeladen und stimulierend. Das ist für jeden wichtig, der überzeugen, motivieren und führen will.

Notwendigkeit oder Möglichkeit: Wer einen Filter für Notwendigkeiten installiert hat, hat einen ausgesprochenen Sinn für Dringliches. Er steuert geradewegs auf sein Ziel zu, bündelt seine Kräfte und produziert in kürzester Zeit Ergebnisse. Das Gefühl für die Dringlichkeit einer Angelegenheit widersteht dem Müßiggang, verhindert ein Aufschieben und beschleunigt das Tun bis zum gewünschten Ergebnis. Dementsprechend fällt die Prioritätensetzung leicht. Typisch sind Aussagen wie: «Jetzt oder nie!», «Ich muss es tun, es gibt keine Alternative!», «Es ist dringend, ich handle sofort!» oder: «Für mich gibt es nur den einen Weg!» Die Kraft der Notwendigkeit treibt auch andere Menschen an, die in das energetische Fahrwasser geraten und mitgerissen werden. Der Filter vermittelt Klarheit, Konzentration auf einen Punkt und Engagement. Er ist eine wichtige Grundeigenschaft für Führungskräfte und Entscheider.

Während der Filter der Notwendigkeit keinem Farbtyp speziell zugeordnet werden kann, ist der Filter für Möglichkeiten eher dem Rotdominanten zuzuordnen. Möglichkeit vermittelt Freiheit und grenzenlose Optionen im Denken, Entscheiden und Handeln. Die Kreativität kann sich frei entfalten in Ideen und Visionen. Menschen mit dem Möglichkeits-Filter haben eine positive Einstellung im Hinblick auf die Machbarkeit und Umsetzbarkeit von Plänen und Ideen – nach der Devise: «Es gibt immer eine Lösung für ein Problem.» Ihr Denken und Handeln ist lösungsorientiert, innovativ und flexibel im Hinblick auf verschiedene Richtungen.

Außen- oder Innenorientierung: Außenorientiert sind überwiegend Rot- und Gründominante. Sie überprüfen ihre eigene Meinung gerne durch Abgleich mit den Meinungen anderer und ebenso durch Konsultation von Büchern, Filmen, Internet, Statistik usw. Lehrer, Vorgesetzte, Coachs und andere sind wichtige Quellen für die eigene Orientierung, wobei auch Kritik willkommen ist. Die Einstellung anderer aufzunehmen erweitert das eigene Blickfeld, so dass auch Dinge einbezogen werden, die einem nicht liegen. Anregungen von außen sind wichtig für die eigene Weiterentwicklung und werden als Chance zum persönlichen Wachstum und zum Lernen gesehen. Typische Fragen, die Außenorientierte stellen, lauten: «Was denken andere über mich?», «Wer oder was hilft mir in meiner Entwicklung weiter?» oder: «Wo bekomme ich ein Feedback?»

Innenorientiert sind eher Blau- und Rotdominante mit sekundärem Blauanteil. Menschen mit großer Innenorientierung bilden sich ihr eigenes Urteil, und zwar unabhängig von anderen, denn sie denken und handeln nach ihren eigenen Maßstäben. Oft motiviert sie dabei ein Bedürfnis nach Freiheit und Selbstbestimmung. Wer aus sich selbst heraus weiß, was gut oder schlecht ist, steht zu seiner Meinung und lässt sich kaum vom Gegenteil erschüttern. Solches Selbstbewusstsein ist z. B. in Führungspositionen wichtig: Andere Menschen schätzen den Rat solcher Menschen, denn sie vermitteln in ihrem Führungsstil Klarheit, Glaubwürdigkeit und Sicherheit. Wer viel entscheiden muss, sollte diesen Filter ausgeprägt haben, sonst wirkt er unsicher und instabil.

Reaktiv oder aktiv: Mit dem Reaktiv-Filter arbeiten bevorzugt Grün- und Blaudominante. Sie beachten die Signale des Gesprächspartners und versuchen, ihn zu verstehen, bevor sie selbst in Aktion treten. Auf diese Weise erkennen und wertschätzen sie die Bedürfnisse und Botschaften ihres Gegenübers und vermeiden Missverständnisse und vorschnelle Bedeutungszuordnungen. Ihr Motiv ist häufig die größtmögliche Sicherheit für ihr eigenes Handeln. Sie möchten lieber angesprochen werden, anstatt von sich aus zu sprechen. Menschen mit einem Reaktiv-Filter nehmen sich viel Zeit für wichtige Entscheidungen und prüfen diese mehrmals, bevor sie handeln. Den Reaktiv-Filter finden wir bei Menschen, die geduldig abwarten können und sich zurücklehnen, bis sie wirklich gebraucht werden. Man schätzt sie als geduldige Zuhörer. Da sie gerne reagieren, lassen sie sich verwöhnen, indem sie annehmen, was andere ihnen geben.

Menschen mit einem Aktiv-Filter, besonders Rotdominante, verfügen über Macher-Qualitäten. Sie setzen ihre Vorstellungen um und Dinge in Gang nach dem Motto: Frisch gewagt ist halb gewonnen! Zupackende Menschen sind gegenwartsorientiert und werden von sich aus aktiv, selbst wenn noch keine Dringlichkeit besteht. Stillstand ertragen sie nicht. Dank ihrer Entscheidungs- und Handlungsfreude stoßen sie Prozesse an und gehen dabei mutig den ersten Schritt. Sie holen sich aktiv Feedback und sind auch sonst vorsorgend in ihren Handlungen.

Mismatch oder Match: «Mismatch» kommt aus dem Englischen und heißt so viel wie «nicht zusammenpassen». In der Kommunikation drückt der Mismatch-Filter, den eher Rot- und Blaudominante haben, ein starkes Bedürfnis zu widersprechen aus. Ein Mensch mit diesem Filter strebt wenig danach, den anderen zu verstehen, als danach, seine entgegengesetzte Meinung zu verteidigen oder eine wichtige, noch nicht erwähnte Position einzubringen. Im Vordergrund steht das Bedürfnis nach offener und ehrlicher Diskussion, wobei Wortgefechte durchaus zu einer Klärung beitragen können und gelegentlich Mut und Durchsetzungswillen erfordern. Als «Advokat des Teufels» stellt eine Person mit Mismatch-Filter häufig kritische und unbequeme Fragen und konfrontiert den Gesprächspartner mit möglichen negativen Konsequenzen mit dem Ziel, Risiken zu meiden oder einfachere Wege zu finden. Ein «Mismatcher» fragt z. B.: «Welche Einwände gibt es?» oder: «Was würde passieren, wenn …?»

Wird der Mismatch-Filter als Entwicklungschance betrachtet, profitieren alle Gesprächspartner von spannenden Auseinandersetzungen und Herausforderungen. Doch Gründominante fühlen sich oft von einem Mismatching vor den Kopf gestoßen, weil sie es als provokativ empfinden und die Harmonie vermissen. Dementsprechend bevorzugen sie häufig den entgegengesetzten Filter, das Matching. Sie haben das Bedürfnis, den anderen zu verstehen und in seiner Meinung zu bestätigen, sie betonen das Gemeinsame oder Ähnliche. Eine positive Gesprächsatmosphäre ist für sie wichtig und sie hören aktiv zu. Selbst bei konträren Standpunkten legen sie Wert auf eine reibungslose Kommunikation, denn Respekt und Wertschätzung des Kommunikationspartners sind ihnen wichtig. Typische Aussagen sind: «Wenn ich Sie richtig verstehe, dann …» oder: «Was Sie sagen, entspricht auch meiner Einstellung.» Aufgrund ihres integrativen Auftretens sind Menschen mit dem Match-Filter im Konfliktmanagement als Mediatoren und Schlichter gut geeignet.

In-Time- oder Through-Time: Der In-Time-Filter besagt, dass jemand so vollkommen «in der Zeit» ist, dass er vollkommen in dem aufgeht, was er gerade tut. Das ist eher bei Rot- und Gründominanten der Fall. Dieses Phänomen wird auch als Flow-Zustand bezeichnet: Wenn man ganz in einer Tätigkeit versunken ist, erscheint die Zeit wie gedehnt, weil die gegenwärtige Beschäftigung mit Lust und Genuss verbunden ist. Der Flow-Zustand ist heilsam, weil er äußerst entspannend wirkt. Je nach Intensität kann man sogar von einer Trance sprechen, die es ermöglicht, unbewusste Kräfte und Energien freizusetzen.

Wer mit dem Through-Time-Filter an eine Sache herangeht, plant und organisiert hingegen seine Zeit. Zeitmanagement und Pünktlichkeit sind ihm wichtig, und er arbeitet mit Zeitplanmitteln. Es sind meist Blaudominante, die mit diesem Filter arbeiten. Sie möchten ihre Zeit beherrschen, anstatt sich von ihr beherrschen zu lassen.

All diese Wahrnehmungsfilter lassen sich trainieren und auf verschiedene Situationen im Alltag mit Erfolg anwenden. Probieren Sie es aus, indem Sie bewusst zwischen verschiedenen Filtern abwechseln und nicht nur solche Filter nutzen, die Ihrem Typ entsprechen.

Beurteilungsfehler

Die Psychologie hat festgestellt, dass es einige typische Beurteilungsfehler gibt, die generell bei allen Menschen auftreten und die dazu führen, eine Situation falsch einzuschätzen und falsche Entscheidungen zu treffen. Im Unterschied zu den Wahrnehmungsfiltern, die neutral sind, wirken sich diese Fehler meist eher negativ aus. Sie lassen sich nicht immer vermeiden, aber es hilft, sie sich jeweils bewusst zu machen, um die Perspektive auf das Ganze zu erweitern und eine Entscheidung zu überprüfen:

- Generalisierungen und Pauschalurteile
- Selektiver Umgang mit Informationen
- Attributionsfehler
- Sympathieeffekte
- Halo-Effekt
- Hierarchie-Effekt
- Projektion
- Übertragung

Generalisierungen sind Verallgemeinerungen, bei denen von «einmal» auf «immer» geschlossen wird. Ein Verhalten wird einmal an einer Person beobachtet, und sofort wird daraus geschlossen, dass es immer oder sehr oft auftritt. Daraus resultieren dann auch Vorwürfe wie: «Du bist immer so und so» und Pauschalurteile wie: «Alle Männer sind unzuverlässig.» Als eine Kursteilnehmerin in einem meiner Seminare Letzteres behauptete, fragte ich zurück: «Wirklich alle? Kennen Sie alle Männer auf der Welt?» «Natürlich nicht!», antwortete sie und musste ihre Aussage korrigieren. Die Fähigkeit, Erfahrungen zu verallgemeinern, kann hilfreich sein. Es schränkt jedoch sehr ein, von einigen übereinstimmenden Erfahrungen auf die ganze Welt zu schließen.

Wenn wir *selektiv,* also auswählend, mit Informationen umgehen, dann haben wir einen «Tunnelblick»: Wir sehen, hören und erleben das, was wir wollen – und blenden alles andere aus. Wenn

z. B. jemand eine vorgefasste Meinung über eine Person hat, glaubt er plötzlich, von überall nur noch Bestätigungen für seine Meinung zu bekommen. Entgegenstehende Meinungen nimmt er nicht zur Kenntnis, weil er seine Wahrnehmung so steuert, dass er nur das herauspickt, was er will. Um daraus auszusteigen, hilft es, die Person auch einmal aus einer anderen Perspektive zu sehen.

Attributions- bzw. Zuschreibungsfehler sind Verzerrungen in der Beurteilung eigenen und fremden Verhaltens. Wenn uns bei einem anderen ein Verhalten stört, dann neigen wir dazu, es der *Person* zuzuschreiben. Verhalten wir uns selbst jedoch genauso, dann schreiben wir es der *Situation* zu. Angenommen, jemand verspätet sich, so neigen wir dazu, ihn für unzuverlässig und unpünktlich zu halten. Verspäten wir uns jedoch selbst, dann war der Zug oder der Stau auf der Autobahn «schuld».

Menschen, die ähnlich positive Eigenschaften haben wie wir selbst, haben unsere *Sympathie.* Das passiert natürlich häufig, wenn zwei gleich ticken und demselben Verhaltenstyp angehören. An sich kann dies ja nur positiv sein, doch kann es auch dazu führen, dass Fehlentscheidungen bei der Einstellung von Mitarbeitern begangen werden, wie eine wissenschaftliche Untersuchung herausgefunden hat: Führungspositionen werden überwiegend mit Leuten besetzt, die aus der gleichen sozialen Schicht kommen (vgl. Tödter 2008, S. 160).

Den *Halo-Effekt* haben Sie bereits im letzten Kapitel am Beispiel des Vorstellungsgesprächs kennengelernt (S. 124 ff.). «Halo» leitet sich vom griechischen Wort für «Hof» ab und bedeutet, dass eine Eigenschaft eines anderen, die uns besonders auffällt, zu einem Gesamturteil über die Person führt. So wie der Mond einen Hof hat, so überstrahlt das eine Merkmal alle übrigen. Das funktioniert ähnlich wie eine Generalisierung. Zum Beispiel wird von herausragenden Fähigkeiten auf einem Gebiet geschlossen, dass die Person auch in allen anderen Gebieten exzellent sein muss.

Der *Hierarchie-Effekt* besagt, dass Mitarbeiter der oberen Führungsebenen in der Regel besser beurteilt werden als Mitarbeiter der unteren – traurig, aber wahr. Dies kann dazu führen, dass Führungskräfte, die sehr weit oben in der Hierarchie stehen, kaum noch ein ehrliches Feedback bekommen. So haben Mächtige oft das Gefühl, dass sie von Ja-Sagern umgeben sind, die ihnen nicht widersprechen.

Der Mechanismus der *Projektion* wird klar, wenn wir uns einen Beamer anschauen: Wir erkennen das Bild nicht an seinem Ursprungsort, dem Beamer oder Computer, sondern an der Wand, auf die es projiziert wird. Dasselbe geschieht auch bei emotionalen Vorgängen. Gefühle, die wir uns selbst nicht eingestehen wollen und verdrängen, beobachten wir plötzlich bei einem anderen Menschen, der sie uns vorlebt. Wenn uns dieser Zusammenhang nicht bewusst ist, dann führt dies häufig dazu, dass wir den anderen kritisieren, weil uns an ihm stört, was uns in Wirklichkeit an uns selbst stört. Man sieht den Splitter im Auge des anderen, aber nicht den Balken im eigenen Auge.

Ähnlich funktioniert die *Übertragung*. Ein wesentlicher Unterschied besteht jedoch darin, dass man nicht eigene Merkmale auf einen anderen projiziert, sondern ihm Eigenschaften anhängt, die sich auf eine *andere* Person oder Situation beziehen. Fühlte man sich z. B. als Kind ungerecht behandelt, so kann es sein, dass man sich später als Erwachsener von anderen «Autoritäten» wie Vorgesetzten, Lehrern usw. stets ungerecht behandelt fühlt, auch wenn dies objektiv nicht stimmt. Übertragungen können Sie durchschauen, wenn Sie sich fragen, ob Ihre momentanen Gefühle gegenüber einem anderen Menschen angemessen in der jetzigen Situation sind. Besonders bei extremen Gefühlen wie Wut oder Hass ist das häufig nicht der Fall. Möglicherweise bemerken Sie, dass Ihre Gefühle «überzogen» sind und in einen anderen Lebensabschnitt oder Zusammenhang gehören. Viele Konflikte und Streitereien beruhen auf Übertragungen und Projektionen.

Der Psychologe Robert Rosenthal führte ein interessantes Experiment durch: Eine Schulklasse wurde den Lehrern als überdurchschnittlich intelligent vorgestellt, andere Klassen hingegen als «durchschnittlich». Die angeblich überdurchschnittliche Klasse war in Wahrheit auch nur durchschnittlich. Nach einem Monat Unterricht verglich man die Leistungen der «überdurchschnittlichen» Schüler mit den übrigen Klassen. Das Ergebnis war verblüffend: Die angeblich überdurchschnittlich intelligenten Schüler verzeichneten einen Lernzuwachs von ca. 50 Prozent! Die Lehrer, die diese Schüler unterrichtet hatten, lobten viel mehr als sonst üblich. Das Loben war für die Kinder ein Erfolgserlebnis und steigerte ihre Leistung.

Wir sehen daran, wie sehr eine *positive Erwartung* an andere Menschen deren Verhalten tatsächlich positiv beeinflusst. Wenn man von anderen das Beste annimmt, dann entwickeln sie sich auch zu ihrem (und unserem) Besten!

Authentisch ticken

Das Thema Authentizität hat uns bereits in den vorigen Kapiteln am Rande beschäftigt. Authentisch sein heißt glaubwürdig sein. Gehen Sie in Gedanken Ihren Freundes-, Bekannten- und Kollegenkreis durch: Gibt es Menschen, die umsetzen können, was sie wollen, und es funktioniert? Wirken diese Menschen überzeugend? Besitzen sie vielleicht sogar eine gewinnende Ausstrahlung? Trifft all dies zu, so kennen Sie Menschen, die ihre Glaubwürdigkeit daraus beziehen, dass ihr Verhalten ihrem Wesen und ihrer Persönlichkeitsstruktur entspricht. Sie sind stimmig und geben nicht vor, jemand anderes zu sein, als sie sind. Darum gibt es keine Widersprüche in ihren Verhaltensweisen oder zwischen ihrem Verhalten und ihren Äußerungen. Sie wirken einfach «echt» – eben authentisch.

Authentisch zu sein wirkt immer positiv auf andere. Wer authentisch ist, ist vertrauenswürdig, überzeugend, sympathisch und glaubwürdig.

Bei anderen Menschen werden Sie dagegen feststellen, dass irgendetwas an ihnen nicht stimmt, ohne dass Sie wissen, warum das so ist. Ihre unbewusste Wahrnehmung bekommt bei diesen Menschen widersprüchliche Signale: Meint oder tut der Betreffende, was er sagt, oder nicht? Solche Menschen wirken nicht überzeugend. Oft sind sie auch im Leben nicht oder nur mäßig erfolgreich.

Wenn Sie es mit Menschen zu tun haben, bei denen Sie das Gefühl haben, dass sie nicht authentisch sind, dann achten Sie darauf, ob das Verhalten und die äußeren Merkmale übereinstimmen. Die innere Stimme sagt uns, ob etwas unecht wirkt, klingt oder sich schlecht anfühlt. Möglicherweise bemerken Sie an sich sogar körperliche Reaktionen, wenn Sie mit solchen Menschen zu tun haben, z. B. ein schlechtes «Bauch-Gefühl». Es gibt «giftige» Menschen, die lügen, um das zu bekommen, was sie haben wollen, es gibt Schurken, Fälscher, Bösewichte usw. Sie mögen fantastisch aussehen und sind oft auch sehr redegewandt – und doch gibt es Zeichen, an denen Sie die Wahrheit erkennen können. Sehen und hören Sie nicht das, was Sie sehen und hören *wollen* (siehe Beurteilungsfehler!), sondern das, was Ihr Gegenüber tatsächlich ausdrückt. Wenn Sie Unstimmigkeiten bemerken, dann sollten bei Ihnen die Alarmglocken klingeln. Schauen Sie genauer hin!

Wie kommt es nun, dass manche Menschen nicht authentisch sind? Meist liegt dies daran, dass sie sich auf Verhaltensmuster haben «konditionieren» lassen, die ihrem wahren Naturell nicht entsprechen. Wir haben bereits die Rolle, die die Erziehung und die Schule dabei spielen, im letzten Kapitel besprochen. Wenn Menschen emotional «geohrfeigt» werden, sind sie oft durch die Grobheiten und Erniedrigungen anderer so getroffen, dass sie sich zunächst in einem Schockzustand befinden. Häufig wird das Erlebte verdrängt und das eigene Verhalten anschließend so «verbogen», dass man es anderen recht macht. Zwar ist man damit nicht mehr authentisch – denn schließlich sollte man es in erster Linie *sich selbst* recht machen –, aber man vermeidet es, den Schmerz fühlen zu müssen und sich immer wieder für angeblich «falsches Verhalten» maßregeln zu lassen. Wer sich dauerhaft verbiegt, ist ständig im Stress, der wie eine Dauerfrustration wirkt. Dies kann auch dazu führen, dass jemand Drogen oder Alkohol nimmt, um sich zu betäuben und nichts fühlen zu müssen. Unstimmigkeit und Stress führen langfristig zur Krankheit, weil etwas nicht im Gleichgewicht ist.

«Meinungen sind wie Nägel. Je mehr man auf sie einschlägt, desto tiefer dringen sie.» (Chinesisches Sprichwort)

Gehen Sie für einen Moment gedanklich in Ihre Kindheit zurück. Überlegen Sie, welches die ersten Verhaltensweisen waren, die Sie gelernt haben. Sie werden feststellen, dass Sie sehr früh gelernt haben, sich so zu benehmen, dass Ihr Verhalten anderen gefällt. Dafür wurden Sie belohnt, während «falsches» Verhalten Strafe und Schuldgefühle nach sich zog. Niemand hat sich aber die Frage gestellt, ob diese Verhaltensmuster auch zu Ihrer Persönlichkeitsstruktur passen – oder ob es überhaupt «falsches» Verhalten gibt! Ein Verhalten als falsch zu bewerten, setzt bereits eine negative Bewertung eines anderen Menschen voraus.

Authentisch sind Menschen immer dann, wenn sie sich so verhalten, wie es ihrer wirklichen Natur entspricht. Dann fühlen sie sich glücklich, ausgeglichen und harmonisch, und meist ist auch das Verhältnis zu ihren Mitmenschen überwiegend konfliktfrei. Fragen Sie sich selbst: Welche Verhaltensweisen haben Sie angenommen, mit denen Sie nicht glücklich sind und die in Ihrem Leben «Reibungsflächen» bilden, bei denen Sie in innere Konflikte mit sich selbst oder in äußere mit anderen geraten?

Die meisten Menschen haben Vorbilder oder Idole. Oft ist die Versuchung groß, wie ein anderer sein zu wollen. Viele beginnen, Verhaltensweisen zu kopieren, die sie an anderen bewundern.

In meinem Bekanntenkreis gab es einen Jungen, der sich Sylvester Stallone zum Vorbild wählte. Er träumte davon, einen ebenso muskulösen Körper zu haben wie er. Im Fitness-Studio trainierte er nun täglich drei Stunden. Doch nach sechs Monaten hatte sich seine Muskulatur nicht viel verändert. Dann griff er zu chemischen Hilfsmitteln, weil er nicht wusste, dass ihm die biologischen Anlagen zu einem ausgeprägten Muskelaufbau fehlten. Denn im Gegensatz zu Sylvester Stallone war er kein kräftiger rot- sondern ein schmächtiger blaudominanter Typ. Mit Hilfe der chemischen Mittel gelang es ihm zwar, seine Muskulatur aufzubauen, doch irgendwann stellte er fest, dass er sich in seinem Körper nicht wohlfühlte. Als er schließlich einen Kollaps erlitt, war ihm klar, dass er seine Grenzen überschritten hatte. Was wollte der Junge denn wirklich, wenn er Sylvester Stallone nacheiferte? Er wollte die Anerkennung und Berühmtheit, die sein Idol hatte! Er lernte schließlich, dass er sich nicht verbiegen musste, um sie zu erlangen, sondern auch auf ganz andere Weise seine Ziele erreichen konnte. Durch ein Coaching erkannte er seine wirkliche Natur erkennen und verstand, dass «Chemie» kein geeignetes Mittel war, um eine Karriere aufzubauen. Er erkannte sein Rot-Defizit und setzte sich angemessene Ziele.

Je authentischer ein Mensch ist, desto wohler fühlt er sich in seiner Haut. Wenn man sich nicht wohl fühlt, dann wirkt sich dies auf die Selbstsicherheit negativ aus. Selbstvertrauen ist ein ganz entscheidender Erfolgsfaktor. Wer wenig Selbstvertrauen ausstrahlt, wirkt auf seine Umgebung nicht überzeugend und hat es viel schwerer. Ich kenne Menschen mit einem Minimum an Schulbildung, die sich auch fachlich nie besonders weitergebildet haben, aber nach einigen Seminaren zur Persönlichkeitsentwicklung ein starkes Selbstvertrauen entwickelten und dadurch sehr erfolgreich wurden.

Nicht unbedingt Wissen oder Können führen zum Erfolg, sondern vielmehr Selbstvertrauen und Tun.

Ticks und Tricks der Manipulation durchschauen

Defizite im Verhaltensspektrum

Jeder Mensch hat sowohl Dominanzen als auch Schwächen in seinem Persönlichkeitsprofil. Es gilt, sich der eigenen Stärken bewusst zu werden und sie im täglichen Leben voll zum Ausdruck zu bringen. Schwächen lassen sich manchmal dadurch ausgleichen, dass man gewisse Aufgaben an andere überträgt, anstatt selbst unbedingt etwas tun zu wollen, das einem nicht liegt. Wenn die Schwächen sich allerdings zu regelrechten Defiziten in der Persönlichkeit entwickelt haben, dann sollte man daran arbeiten, sie zu beseitigen, um Hindernisse im beruflichen oder privaten Umfeld zu beseitigen – allerdings so, dass man immer noch authentisch dabei bleibt.

Normalerweise hat jeder Mensch Persönlichkeitseigenschaften von *allen drei* Typen, auch wenn *ein* Typ dominant ist oder eine Doppeldominanz zweier Typen vorliegt. Der dritte Typ ist meistens schwächer ausgeprägt. Eine Schwäche als solche muss sich noch nicht negativ auswirken. Wenn jedoch ein ausgesprochenes Defizit vorliegt, dann ist es kritisch. Für jeden der drei Persönlichkeitstypen gibt es charakteristische Schwächen, die zu Defiziten werden können:

- Ein Rot-, Blau- oder Rot-Blau- oder Blau-Rot-Dominanter mit ausgeprägtem *Grün-Defizit* wirkt oft unfreundlich, unpersönlich, ungesellig, uncharmant, unzugänglich und hat wenig Fingerspitzengefühl im Umgang mit Menschen. Häufig wirkt er als «Spaßbremse», die zum Lachen in den Keller geht.
- Ein Grün-, Blau-, Blau-Grün- oder Grün-Blau-Dominanter mit ausgeprägtem *Rot-Defizit* wirkt undynamisch, antriebslos, unpraktisch, umständlich, unsicher, unentschlossen, zaudernd und hat kein Improvisationstalent.

- Ein Rot-, Grün-, Rot-Grün- oder Grün-Rot-Dominanter mit ausgeprägtem *Blau-Defizit* wirkt unordentlich, zerstreut, unüberlegt, unvorsichtig, unrealistisch, unpünktlich.

Bei der Besetzung von Stellen sollten Sie darauf achten, dass die Mitarbeiter nicht in den Bereichen Defizite aufweisen, die für ihre Tätigkeit wesentlich ist. Jemand mit Grün-Defizit wird beispielsweise an der Rezeption eines Hotels, wo es um den Kontakt mit den Gästen geht, mit Sicherheit deplatziert sein. Ebenso wird jemand mit Rot-Defizit für eine Aufgabe ungeeignet sein, die schnelles Reagieren und Ad-hoc-Entscheidungen erfordert. Ebenso sollte man von einem Mitarbeiter mit Blau-Defizit nicht erwarten, dass er detaillierte Tages- oder Arbeitspläne aufstellt. Mit solchen Anforderungen wären die Mitarbeiter überfordert.

Rollenspiele: Täter, Opfer, Retter und Verfolger

Wer starke Defizite in einem Bereich hat, flüchtet sich oft in Rollenspiele, um seine Fehler zu verbergen. Rollen, die den eigenen Eigenschaften nicht entsprechen, wirken nicht authentisch. Das führt zu einer «vergewaltigten Charakterrolle»: einem Auftreten, das nicht mehr stimmt und von anderen als unglaubwürdig wahrgenommen wird. Wenn ein Gründominanter beispielsweise seine Grünkomponente überzieht, wirkt er «schleimig», der Blaudominante kapselt sich bei Überziehung des Blauanteils ab und der Rotdominante wird zum Hektiker, zum sprichwörtlichen HB-Männchen, wie es aus der Fernsehwerbung für die Zigarettenmarke HB bekannt ist. Menschen, die übertriebene Rollen spielen, haben manchmal im Leben keinen Erfolg, weil sie zu stark in den Konditionierungen stecken.

Von Zeit zu Zeit neigen Menschen einmal dazu, ihre Verantwortung abzugeben und auf andere abzuwälzen, anstatt ihren eigenen Bedürfnissen nachzukommen. Wenn dies gelegentlich geschieht, ist es erträglich, wenn es jedoch zum «Dauerbrenner» wird, ist es schädlich.

Ein Mann lehnt es ab, im Haushalt mitzuhelfen, und überlässt alle Arbeiten seiner Frau. Ist sie jedoch nicht da, so ist er hilflos. Obwohl seine Frau unzufrieden ist, alle Arbeiten alleine erledigen zu müssen, hat sie sich damit abgefunden. Dafür erwartet sie, dass ihr Mann ihr zum Geburtstag immer ein teures Schmuckstück schenkt, um ihr zu zeigen, welchen Wert sie für ihn hat. Der Mann findet das übertrieben, aber er schenkt es ihr trotzdem, damit er seine Ruhe hat und seine Hemden gebügelt sind.

Schauen Sie genau hin: Es existiert hier eine komplexe Beziehung zwischen Opfer- und Täterrollen. Der Mann ist das «Opfer» der Frau, weil er sie mit teurem Schmuck zufriedenstellen muss, und das «Opfer» seiner eigenen Hilflosigkeit im Haushalt. Umgekehrt ist die Frau das «Opfer» des Mannes, weil sie alles allein machen muss. Beide sind jedoch nicht nur Opfer, sondern zugleich auch «Täter»: Indem er sich der Mithilfe im Haushalt verweigert, wird er zum Täter, und indem sie ihren Mann mit der Forderung nach Schmuck unter Druck setzt, wird sie zur Täterin. Beide könnten jederzeit *unabhängig voneinander* aus dem Spiel aussteigen, wenn sie es durchschauen würden. Anstatt die Selbstverantwortung zu übernehmen, wartet jedoch einer auf den anderen, dass dieser den ersten Schritt tut. Am Ende geschieht dann gar nichts, weil niemand anfängt. So könnte er einfach im Haushalt mithelfen. Aber auch wenn er es nicht tut, könnte sie ihren Mann akzeptieren, wie er ist, nämlich unordentlich und wenig hilfsbereit, ohne ihn deshalb mit Forderungen unter Druck zu setzen.

Das ist ein typisches Rollenspiel, bei dem die Erfüllung individueller Bedürfnisse auf andere übertragen wird. Vielen Partnerbeziehungen, die nicht erfüllt oder glücklich sind, liegt ein solches Muster zugrunde. Die Verantwortung für eigenes Tun wird auf den Partner übertragen. Wichtig ist es, sich solche Rollen bewusst zu machen, um nicht darin gefangen zu bleiben.

Rollenspiele werden immer von dem Persönlichkeitsanteil aus inszeniert, in dem der Spieler besonders stark ist, und zwar in der unbewussten Absicht, ein Defizit zu verbergen und damit der Weiterentwicklung der Persönlichkeit auszuweichen. Denn Defizite sind immer Hinweise auf das Potenzial eines Menschen, das er entwickeln könnte.

Die Grundtypen des Rollenspiels liegen in den drei Funktionen: *Opfer* (= Kehrseite des Täters), Retter und Verfolger. Das Opfer fühlt sich leidend und sucht Mitleid, Hilfe, Zuspruch und Trost. Es dokumentiert, wie sehr es unter der Schlechtigkeit der Welt, dem Unwillen des Schicksals oder dem Verhalten eines anderen zu leiden hat, bleibt jedoch passiv und unternimmt nichts, so dass es darum zugleich auch Täter ist.

Der *Verfolger* ist der Angreifer, der den Kampf sucht. Perfektionismus, Raffgier, Neid, Misstrauen, Hartherzigkeit und Sturheit, übersteigerter Ehrgeiz und Rastlosigkeit sind Erscheinungsformen, die von Ferne betrachtet oft als positive Eigenschaften erscheinen. Sie werden manchmal «kaufmännisches Geschick», «Konsequenz», «Cleverness» oder «Beweglichkeit» genannt. Maßstab für seinen Erfolg sind für den Angreifer die Zahl der hinter oder unter ihm zurückgebliebenen Opfer. Mottos wie «Viel Feind, viel Ehr» oder «Nur die Besten überleben» stehen auf seinem Banner. Bekannt ist die Rolle des Despoten oder Diktators, der selbst voller Angst, Misstrauen und Minderwertigkeit steckt. Hinter seiner meisterhaft gespielten Rolle verbirgt er, dass er selbst Opfer ist. Jeder von uns ist gelegentlich ein Verfolger, meist ungewollt, indem wir beispielsweise unseren Mitmenschen zu wenig Beachtung schenken. Oft dient die Rolle aber auch als Ausgleichsfunktion, wenn wir uns vorher selbst als Opfer fühlten und nun zum Angriff übergehen, um uns unbewusst Erfolgserlebnisse zu verschaffen.

Franziska besucht regelmäßig Inge, die nach einem Unfall leicht gehbehindert ist und darum Schwierigkeiten hat, ihren Haushalt allein zu führen. Franziska räumt auf, wäscht und bügelt, kocht, friert ein und bringt den Garten in Ordnung, und das alles dreimal wöchentlich. Sie opfert sich für ihre Freundin auf, denn Inge macht ihr immer wieder klar, dass sie mit all dem überfordert wäre. Was Inge jedoch nicht sagt, ist, dass sie schon seit Monaten ihre Geh-Übungen vernachlässigt und nicht mehr daran arbeitet, ihre frühere körperliche Leistungsfähigkeit wiederherzustellen. Und solange Franziska ihr alles abnimmt, sieht sie auch keine Notwendigkeit darin, denn es ist ja bequem für sie. Franziska freut sich über die Zuwendung von Inge, während sie ihr den Haushalt führt. Sie genießt Lob und Anerkennung, merkt aber nicht, dass sie mit ihrem Retterspiel die Selbstständigkeit von Inge weiter hinauszögert.

Als *Retter* treten Menschen auf, die an einem «Helfersyndrom» leiden, was am häufigsten bei Gründominanten der Fall ist. Der Helfer steht scheinbar über den Dingen, beruft sich auf seine Neutralität oder Erfahrung, versteht sich als Schlichter, Tröster oder Verstehender und bietet Schutz, Sicherheit und Hilfe. «Chronische Retter» sind 24 Stunden am Tag erreichbar, erledigen klaglos Behörden- und Bittgänge, zahlen Schulden und leisten Bürgschaften. Sie übersehen dabei, dass sie damit selbst zum Opfer werden und dass sie die Bequemlichkeit des Opfers unterstützen, ohne dessen Probleme zu lösen. Das Motiv, Retter zu spielen, liegt häufig darin, in dieser Rolle als lieb, teuer und unersetzlich zu dienen und anerkannt zu werden. In Wirklichkeit leidet der Retter unter zu wenig Liebe, Lob und Anerkennung. Manchmal tritt ein Verfolger als vermeintlicher Retter auf, wenn er mit Strenge, Macht und Brutalität seiner Umwelt diktiert, wie sie sich zu verhalten hat, um ein Problem zu lösen. Als Retter getarnte Verfolger geben sich manchmal nach außen selbstlos, haben unbewusst oft nur den eigenen Nutzen im Sinn.

Das Spiel des Verfolgers, der sich als Retter gibt, können Sie gut in der Politik beobachten, wo es sehr häufig gespielt wird: Eine schwierige politische Situation wird von einem vermeintlichen Retter dazu genutzt, um mit Strenge durchzugreifen – angeblich in der Absicht, die Stabilität und Ordnung wiederherzustellen. Einmal an der Macht, wird der Retter dann zum Verfolger, indem er brutal alle politischen Gegner beiseiteräumt, die sich ihm in den Weg stellen. Der Verfolger setzt alles daran, seine eigenen politischen Interessen durchzusetzen und seine Macht weiter auszubauen. Stabilität und Ordnung bleiben natürlich auf der Strecke, denn sie waren ohnehin nur ein Vorwand, um an die Macht zu kommen.

Ein Sonderfall des Retters, der das Opfer mimt, ist der Hofnarr, der Tolpatsch oder Clown. Er spielt die Opferrolle nur, denn er ist nicht wirklich Opfer und weiß dies auch. Durch seine komische Verzerrung und dramatische Überspitzung nimmt er mit Humor allen Ängsten und Sorgen die Spitze, zeigt Auswege und gibt anderen Kraft.

> «Alle Fehler sind verzeihlicher als die Mittel, welche man anwendet, um sie zu verbergen.» (François La Rochefoucauld)

Typische Spiele

Der Psychologe Dietmar Friedmann hat herausgefunden, dass es je nach Dominanz ganz typische Spiele gibt, zu denen Blau-, Rot- und Gründominante neigen. Vereinfacht gesagt, neigen Gründominante zu Retterspielen, während Rotdominante eher zu Verfolgerspielen und Blaudominante eher zu Opferspielen neigen. Dies geschieht immer dann, wenn ein ausgeprägtes Defizit bei einem Farbanteil vorliegt.

Der blau-grün-dominante Christian, der ein ausgesprochenes Rot-Defizit hat, soll in der Universität ein Referat vortragen. Er wirkt bemüht und angestrengt. Gelegentlich redet er halblaut mit sich selbst: «Wo habe ich jetzt diese Overheadfolie?», «Jetzt wird es schwierig, ich muss aufpassen.» Zwischendurch entstehen in seinem Vortrag Pausen, während er in seinen Unterlagen kramt. Er spricht Fachbegriffe falsch aus und muss immer wieder seine Unterlagen ordnen, die durcheinandergeraten sind. Als er etwas an der Tafel erklärt, bleibt er auf dem Stuhl sitzen und stützt den Kopf mit dem Arm ab, wobei sein Ellenbogen auf dem Tisch liegt.

Das alles wirkt auf die Zuhörer, denen er wie ein «zerstreuter Professor» vorkommt, ungewollt komisch. Immer mehr kämpfen sie mit dem Lachen, wollen ihn aber nicht verletzen und unterdrücken, darum ihre Regungen. Die merkwürdigen Zuckungen und Geräusche, die aus dem unterdrückten Lachen entstehen, reizen wieder andere im Raum zu Lachanfällen. Christian bekommt von all dem nichts mit, denn er ist ganz auf seinen Vortrag konzentriert. Als er fertig ist, sind alle erleichtert und klatschen Beifall. Christian stellt fest, dass er sich «geschafft» fühlt.

Christian hat sich in der Opferrolle inszeniert und den unfreiwilligen Tolpatsch gespielt, der sich unsicher, umständlich und unpraktisch gibt. Es fehlte ihm auch an Improvisationstalent, um schwierige Situationen zu überbrücken. Statt aktiv zu handeln, gibt er sich Mühe und versucht, etwas zu tun. Spiele wie die von Christian folgen oft unbewusst inneren Antreibern – Sätzen wie: «Gib dir Mühe!», «Streng dich an!», «Sei vorsichtig!», «Sei perfekt!», «Fühl (dich) nicht!», «Mach's anderen recht!» usw. Solche Antreiber haben wir fast alle in unserem Elternhaus mit auf den Weg bekommen. Leider führen sie aber nicht zu einem authentischen Verhalten, sondern zu einer Fremdbestimmung.

Der Blau-Grün-Dominante, der zu Opferspielen tendiert, provoziert andere durch sein hilfloses, ungeschicktes und unsensibles Verhalten zu Mitleids- und Ärgerreaktionen. In Situationen, in denen es darauf ankäme, sich zu entscheiden, zuzupacken und Verantwortung zu übernehmen, bemüht er sich um noch mehr «Klugheit». Dadurch übernehmen die anderen fast automatisch die Verantwortung und treffen die Entscheidungen. Oft kann der Blaudominante mit den Ratschlägen der anderen nichts anfangen, und seine anfängliche Offenheit schlägt in Ablehnung und Rebellion um.

Der Rotdominante neigt zu Verfolgerspielen, um seine eigene

Identität abzusichern. Zunächst lässt er die Gefühle und Bedürfnisse der anderen zu und lockt sie mit einem fürsorglichen und großzügigen Verhalten. Dann macht er jedoch den anderen klar, dass er die geweckten Wünsche nicht erfüllen kann, und verweist sie auf die Realität, auf Regeln und Normen.

Verfolgerspiele lassen sich hinter ethischen Grundsätzen wie Pflichterfüllung, Tüchtigkeit, Fleiß, Prinzipientreue, Moral, Gehorsam usw. gut verstecken. Das «Spiel» besteht darin, dass es nicht um bewusste Entscheidungen für diese Werte geht, sondern dass es sich um unbewusste Zwänge handelt. Man entscheidet sich nicht für Moral und verhält sich dann moralisch, sondern die Freude am Leben wird unterdrückt, und darum «gibt» man sich moralisch. Moralische Grundsätze werden, wie schon einmal angedeutet, vielfach auch von Behörden, staatlichen Einrichtungen und anderen «ehrwürdigen» Institutionen legitimiert und sind darum weit verbreitet. Statt Entscheidungs- und Handlungsalternativen zu suchen und zu prüfen, inwieweit sie den menschlichen Bedürfnissen entsprechen, wird schematisch nach Regeln und Normen vorgegangen (vgl. Friedmann 2010, S. 88).

Der «Gewinn» aller dieser «Spielchen» besteht darin, sich selbst nicht ändern zu müssen. Stattdessen wird versucht, die anderen dahingehend zu manipulieren, dass sie sich ändern. Der Spieler begnügt sich mit etwas, das «so aussieht, als ob», z. B. Image statt echter Leistung, erzwungene Mitleidsreaktionen statt spontaner Sympathie oder Ansehen statt Persönlichkeit.

Woran wir wachsen können

Eine Katze hatte Bekanntschaft mit einer Maus gemacht und ihr so viel von Freundschaft vorgeschwärmt, dass sie schließlich einwilligte, mit ihr zusammenzuziehen. «Mäuschen, bald ist Winter, und damit du mit deinen kurzen Beinen nicht so weit laufen musst, sollten wir Vorräte anschaffen», sagte sie. So wurde ein Töpfchen mit Fett gekauft, und weil in der Wohnung kein Platz war, versteckten die beiden es in der Kirche. Es dauerte nicht lang, bis die Katze Appetit bekam, und so sagte sie zu ihrer Wohnungsgenossin: «Liebes Mäuschen, ich will heute mal alleine ausgehen. Meine Nichte hat ein Kind bekommen, und ich bin zur Taufe eingeladen. Hüte du das Haus und mach derweil die Hausarbeiten.» «Ja, ja», sagte die Maus, «und denk an mich, denn ich wäre auch gern dabei und würde von dem süßen Kuchen naschen.» Die Katze aber schlich sich in die Kirche und leckte am Fetttöpfchen. Sie räkelte sich in der Sonne und machte sich einen schönen Tag. Als sie am Abend nach Hause kam, fragte die Maus, die derweil gearbeitet hatte: «Auf welchen Namen wurde denn das Kind getauft?» «Es heißt Hautab», sagte die Katze, und die Maus wunderte sich über den merkwürdigen Namen.

Nach einer Weile gelüstete der Katze wieder nach dem Fetttöpfchen und sie sagte zur Maus: «Du musst mir den Gefallen tun und nochmals allein das Haus hüten. Meine Nichte hat noch ein Kind bekommen, und ich bin wieder zur Taufe eingeladen.» Die Maus willigte gerne ein, die Katze aber schlich sich wieder in die Kirche, um am Fett zu lecken. Diesmal fraß sie den Topf halbleer. Zurückgekehrt nach Hause, fragte die Maus wieder: «Wie heißt denn das Kind?» «Es heißt Halbaus», antwortete die Katze. «Wieder so ein seltsamer Name», rief die Maus, «den habe ich noch nie gehört!» Bald bekam die Katze erneut Appetit auf den Leckerbissen in der Kirche, und das Spiel wiederholte sich. Das Kind, so sagte die Katze der Maus diesmal, hieße «Ganzaus». «Diese seltsamen Namen machen mich nachdenklich», meinte die Maus nur.

Als nun der Winter kam und das Futter im Freien zur Neige ging, sagte die Maus: «Liebe Katze, wir wollen zum Fetttopf gehen und uns satt fressen.» «Jawohl», meinte die Katze, «der wird dir schmecken!» Als sie in der Kirche ankamen, stand die Maus vor dem leeren Topf und klagte: «Ach, jetzt erst merke ich, was geschehen ist! Du bist mir ja eine schöne Freundin! Aufgefressen hast du alles, daher auch die komischen Namen deiner angeblichen Verwandten.» «Bist du wohl ruhig!», mi-

aute die Katze. «Noch ein Wort und ich fresse dich auf!» «Ganzaus», konnte die Maus gerade noch schluchzen, bevor die Katze mit einem Satz nach ihr griff und sie hinunterschluckte. So geht es manchmal zu in der Welt!

Die rotdominante Katze mit listigen Eigenschaften legt die gründominante Maus herein. Zu weit hergeholt? Keineswegs! Die Jahrtausende alten Märchen vermitteln uraltes Wissen über das Leben, und sie sind, wie Dietmar Friedmann herausgefunden hat, oft typenspezifisch. Das heißt, für jeden der drei Typen gibt es spezielle Märchen, die jeweils Wachstumsmöglichkeiten aufzeigen, indem die Helden ihre charakteristischen Defizite erkennen und überwinden. Im obigen Fall ist die gutmütige Maus leider auf das Verfolgerspiel der rotdominanten Katze komplett hereingefallen. Sie hat die deutlichen Signale der Katze nicht erkannt, weil sie Schwierigkeiten mit dem Nachdenken hatte (fehlendes Blau) und weil sie die Aggression und die List der Katze unterschätzt hatte (fehlendes Rot). So wurde sie zum Opfer, und es gab kein Happy-End. In vielen Märchen ist das jedoch anders.

Es gibt drei Arten von Märchen:

- die *Konkurrenz-Märchen* für Gründominante, z. B. Schneewittchen, Gänsemagd, Frau Holle und Aschenputtel
- die *Abenteuer-Märchen* für Blaudominante, z. B. Der Gestiefelte Kater, Tischlein deck dich, Von einem, der auszog, das Fürchten zu lernen und Das tapfere Schneiderlein
- die *Verwandlungs-Märchen* für Rotdominante, z. B. Rotkäppchen, Dornröschen, Jorinde und Jorigel und Der Wolf und die sieben Geißlein.

In den *Konkurrenz-Märchen* für Gründominante mit zu wenig Blau geht es meist wenig liebevoll zu. Aschenputtel beispielsweise wird schlecht behandelt, benachteiligt und ausgelacht, bei Frau Holle und der Gänsemagd ist sogar von Mord die Rede. Der Kern dieser Märchen: Die gründominanten Helden sollen lernen, ihre Erkenntnis zu schärfen, um nicht naiv auf die böse Welt hereinzufallen. Das heißt, sie müssen sich ihres Blau-Defizits bewusst werden und wenn nötig ausgleichen. Die Lösung dieser Märchen besteht immer darin, dass die Wahrheit ans Licht kommt und der oder die Echte von allen anerkannt wird.

Die *Abenteuer-Märchen* für Blaudominante mit zu wenig Rot gehen meist von einem angeschlagenen und geschwächten Helden aus. Oft ist er körperlich zu klein gewachsen oder von geringer Herkunft. Die Helden haben meist zu Beginn der Geschichte nichts zu verlieren und sind in einer sehr ungünstigen Position. «Etwas Besseres als den Tod finden wir überall», sagen die Bremer Stadtmusikanten, bevor sie sich auf den Weg machen. Die unterschätzten Helden müssen sich beweisen, sie müssen der Welt zeigen, dass sie etwas zu Wege bringen können. Sie bestehen allerlei Abenteuer, bis sie ans Ziel gelangen. Der Kern dieser Märchen: Der Blaudominante muss sich vom Grübeln und Nachdenken verabschieden, nach vorne gehen und ins Handeln kommen, um sich weiterzuentwickeln. Das heißt, er muss sich seines Rot-Defizits bewusst werden und es allenfalls überwinden. Der Schwerpunkt dieser Märchen liegt auf Aktivität und Erfolgsorientierung.

Die *Verwandlungs-Märchen* für Rotdominante mit zu wenig Grün beginnen oft damit, dass Warnungen missachtet werden. Zur Strafe wird der Held in eine Position der Unbeweglichkeit oder Erstarrung versetzt: Er fällt in tiefen Schlaf, wird eingesperrt, verschlungen oder verwandelt. Immer geht es um Einschränkungen und Trennung, die Leid bedeuten. Das ist typisch für das Erleben des Rotdominanten: Wenn es ihm schlecht geht, fühlt er sich blockiert in seinem Handeln und abgeschnitten vom Erleben. Die Befreiung kommt durch die Kraft der Zuneigung, der Liebe und Lebensfreude. Der Kern dieser Märchen: Der Rotdominante soll lernen, seine Gefühle zu entwickeln, er muss sich also seines Grün-Defizits bewusst werden und es allenfalls abbauen. Typischerweise enden diese Märchen im Überschwang der positiven Gefühle.

Es lohnt sich, wenn Sie einmal unter diesen Gesichtspunkten Märchen lesen und darauf achten, welche Weiterentwicklungsmöglichkeiten sie bieten!

Die meisten Märchen sind – wie das Leben selbst – auf Wachstum, Selbstentfaltung und Persönlichkeitsentwicklung ausgerichtet.

7. Mehr als einen Tick harmonischer und erfolgreicher – Schlusswort

Wir müssen aus den Fehlern der anderen lernen, denn wir leben nicht lang genug, um alle Fehler selbst zu machen.»
(Sam Levenson)

«Menschenkenntnis und Selbstkenntnis machen das Leben angenehmer, leichter, harmonischer und erfolgreicher! Ich hoffe, dass Sie, liebe Leser, nach der Lektüre des Buches ebenfalls zu dieser Erkenntnis gekommen sind.

Nun geht es an die Umsetzung dessen, was Sie erfahren haben: Wie wollen Sie Ihr frisch erworbenes Wissen in die Praxis umsetzen? Unternehmen Sie so schnell wie möglich die ersten Schritte! Untersuchungen zeigen, dass Dinge, die nicht innerhalb der ersten 48 Stunden angepackt werden, höchstwahrscheinlich gar nicht umgesetzt werden. Kommen Sie also ins Tun!

Wenn der Rotdominante stimmig ist, dann entscheidet er schnell und fängt zügig an. Allerdings hat er die Tendenz zu Schnellschüssen. Der Blaudominante möchte erst mal planen, wobei allerdings die Gefahr besteht, dass es bei den Plänen bleibt und er nicht in Aktion kommt. Der Gründominante möchte zunächst ausführlich mit anderen sprechen, bevor er handelt.

Ganz gleich, ob Sie rot-, blau- oder gründominant sind – gehen Sie jetzt gleich auf die Website *www.ichweisswiedutickst.com* und nutzen Sie die Gelegenheit, anhand des Trainingsmaterials Ihre Menschenkenntnis weiter zu verbessern.

Viel Erfolg wünscht Ihnen
Ihr Martin Betschart!

Erfolg ist, wenn das erfolgt, was ich bewusst anstrebe.

Auflösungen zu den Fragen

Einführung S. 10:

Der neue Kollege: blau; Theo Köster: grün; Sabine Haber: rot-grün

Heike Pfeifer: rot; Rolf Schorn: grün

3. Kapitel S. 59 ff.:

Carola Koch und Hans Radefeld: rot; Thomas Meyer: blau; Silke Neukirchen: grün

3. Kapitel S. 65 ff.:

Dieter Kühn: blau; Petra Schuler: rot, Hans Schröder: grün, Martin Schuchard: rot-blau

4. Kapitel S. 91:

Guido: grün; Dieter: rot; Iris: blau; Susanne: blau-grün

4. Kapitel S. 94:

Chef und Mustafa Kussero: blau; Rita Hein: grün; Urs Stämpfli: rot

4. Kapitel S. 98 ff.:

S. 98:

Obere drei Fotos: blaudominanter Typ: schmaler Körperbau, spitzes Kinn, hohe Stirn

Untere drei Fotos: Violett-Typ, ausgewogener Rot-Blau-Anteil

S. 99:

Obere drei Fotos: Orange-Typ (Grün-Rot)

Untere drei Fotos: Türkis-Typ, ausgewogener Blau-Grün-Anteil

S. 100:

Obere drei Fotos: gründominanter Typ: weiche, runde Züge, kurze Finger

Untere drei Fotos: rotdominanter Typ: markante Züge, kräftiger Kinnbereich

Danksagung

Mein Dank gilt allen Menschen, die mich inspirierten und von denen ich lernen durfte, insbesondere den über 250 000 Teilnehmern meiner Seminare. Sie halfen mir immer wieder, mein Wissen zu trainieren und zu festigen.

Für die Unterstützung bei der Publikation dieses Buches bedanke ich mich bei Dr. Sonja Ulrike Klug, *The Expert in Publishing Books*, dass sie das Projekt von der Planung bis zur Veröffentlichung professionell betreut hat. Mein Dank geht auch an Dr. Petra Begemann, die einige wertvolle Ideen beigesteuert hat.

Bei meiner Frau Janet bedanke ich mich für die kritische Begutachtung des Manuskripts, das Feedback und für die Unterstützung.

Bildnachweis

S. 43, 85,87, 89, 90:Wolfgang Dietzel
S. 98, 99, 100: Martin Betschart

Literaturverzeichnis

Adler, Alfred: *Menschenkenntnis.* Köln: Anaconda Verlag, 2008.

Bambeck, Joern J.: *Persönlichkeits-Struktur-Analyse. Wegweiser zur Selbst- und Menschenkenntnis.* Offenbach: GABAL Verlag, 1992.[1]

Betschart, Martin: *Drei Schlüssel zum Erfolg. Der direkte Weg zu einem erfolgreichen und glücklichen Leben.* Berg. Gladbach: Breuer und Wardin Verlagskontor, 2. Aufl. 2009. (Auch als Hörbuch)

Betschart, Martin: *Entdecke dein Erfolgspotenzial! Mit der Ressourcing-Methode zu einem erfolgreichen und glücklichen Leben.* E-Book. 2006.

Betschart, Martin: *Das selbstbestimmte Leben.* Offenbach: GABAL, 2005.

Betschart, Martin: *Geld und Wohlstand.* (Hörbuch). Berg. Gladbach: Breuer und Wardin Verlagskontor, 2008. *www.martinbetschart.ch*

Betschart, Martin: *Die Geheimnisse des Erfolges.* (Hörbuch). Berg. Gladbach: Breuer und Wardin Verlagskontor, 2009. *www.martinbetschart.ch*

Betschart, Martin: R*essourcing. So aktivieren Sie Ihre Fähigkeiten.* Zürich: Midas, 2001.

Correll, Werner: *Menschen durchschauen und richtig behandeln. Psychologie für Beruf und Familie.* München: mvg/FinanzBuch Verlag, 20. Aufl. 2009.

Friedmann, Dietmar: *Die drei Persönlichkeitstypen und ihre Lebensstrategien. Wissenschaftliche und praktische Menschenkenntnis.* Darmstadt: Wissenschaftliche Buchgesellschaft, 3. Aufl. 2010.

Glass, Lillian: *Ich weiß, was Sie denken! Vier glasklare Methoden,*

[1] Die in diesem Buch verwendeten Tabellen S. 38, 47 und 76 und 83 beruhen teilweise auf dem Modell, das Dr. J. Bambeck früher verwendete.

Menschen zu durchschauen. Zürich: Oesch Verlag, 5. Aufl. 2004.

Gsell, Siegfried: *EQ schlägt IQ.* Rheine: Heimdall Verlag, 2009.

MacLean, Paul: *Triune Conception of the Brain and Behaviour.* University of Toronto Press, 1974.

MacLean, Paul: *The Triune Brain in Evolution: Role in Paleocerebral Functions.* Berlin: Springer, 1990.

Miller, George A.: «The Magical Number Seven, Plus or Minus Two: Some Limits on Our Capacity for Processing Information.» *http://www.musanim.com/miller1956*

Murphy, Joseph: *Denken Sie sich reich.* Kreuzlingen/München: Ariston, 2007.

Noe, Alva: *Du bist nicht dein Gehirn. Eine radikale Philosophie des Bewusstseins.* München/Zürich: Piper, 2010.

Scheible, Kurt-Georg: *Menschenkenntnis. Personen richtig einschätzen und überzeugen.* Berlin: Cornelsen, 2009.

Sheldon, William Herbert: *The Varieties of Human Physique: An Introduction to Constitutional Psychology.* Hafner Publications, 1963.

Simon, Walter (Hrsg.): *Persönlichkeitsmodelle und Persönlichkeitstests. 15 Persönlichkeitsmodelle für Personalauswahl, Persönlichkeitsentwicklung, Training und Coaching.* Offenbach: GABAL, 2006.

Stöger, Gabriele / Anton Jäger: *Menschenkenntnis – der Schlüssel zu Erfolg und Lebensglück.* Zürich: Orell Füssli, 2004.

Tödter, Ulf / Jürgen Werner: *Erfolgsfaktor Menschenkenntnis. Mitarbeiter, Kollegen und Chefs besser verstehen, Entwicklungspotenziale erkennen und fördern, das Selbstmanagement im Berufsalltag optimieren.* Berlin: Cornelsen, 2. Aufl. 2008.

Vroon, Piet: *Drei Hirne im Kopf. Warum wir nicht können, wie wir wollen.* Zürich: Kreuz-Verlag, 1993. [Holländischer Originaltitel: Tranen van de krokodil. Over de te snelle evolutie van onze herselen, 1989]

Über den Autor

Martin Betschart ist Experte für Erfolgs-Psychologie, Motivation und Menschenkenntnis. Als Erfolgs-Coach, Key-Note-Speaker, Bestsellerautor und TV-Talkmaster genießt er einen ausgezeichneten Ruf. Über 250 000 Menschen haben seit 1985 seine Vorträge und Seminare besucht, und namhafte Firmen lassen sich von ihm coachen.

Die Medien berichteten vielfach über ihn. Einer breiten Öffentlichkeit wurde er durch den *Martin Betschart Kommunikations-Talk* im Schweizer Privatfernsehen bekannt. 2007 wurde er zum Trainer des Jahres gewählt. Er gehört zu den Top-100-Speakers und wurde 2008 sowie 2009 mit dem *Conga Award* ausgezeichnet.

Mit dem Thema Menschenkenntnis beschäftigt sich Martin Betschart seit über 25 Jahren. Er hat alle praktikablen Modelle studiert und sie in der Praxis getestet. Bereits in den 80er-Jahren stellte er erstmals eine Verbindung zwischen dem damals aufkommenden NLP und der Biostrukturanalyse nach Rolf Schirm her. Er vereinfachte die Erkenntnisse des NLP und ergänzte diese mit anderen Modellen, ohne einer Ideologie oder Theorie verpflichtet zu sein.

Martin Betschart gilt als pragmatischer Erfolgstrainer mit großer Praxiserfahrung. Mit seinem dominierenden Rot-Anteil motivieren ihn nach wie vor Herausforderungen, auch wenn er finanziell frei und unabhängig ist. Seine Zweitkomponente Grün sorgt dafür, dass er an Menschen mit all ihren Facetten interessiert ist. Alles, was seine schwächste Komponente, das Blau angeht, versucht er, so weit wie möglich zu delegieren. Es ist ihm sehr wichtig, authentisch zu sein und das, was er in seinen Vorträgen und Seminaren zu den Themen Menschenkenntnis, Motivation, Erfolgspsychologie und Wohlstand weitergibt, auch selbst zu leben.

Wenn Martin Betschart nicht gerade Vorträge oder Seminare

hält, dann liest, reist und forscht er. Er lebt in der Schweiz, auf Mallorca und in Asien.

www.martinbetschart.ch
www.ichweisswiedutickst.com

Über folgende Netzwerke können Sie sich ebenfalls mit ihm austauschen:

- *Wikipedia:* http://de.wikipedia.org/wiki/Martin_Betschart
- *Xing:* http://www.xing.com/profile/martin_betschart
- *Twitter:* http://www.twitter.com/MartinBetschart
- *Facebook:* http://www.facebook.com/Martin.Betschart.Erfolgswissen
- *linkedin:* http://ch.linkedin.com/pub/martin-betschart/14/961/58a
- *beUnic:* https://www.beunic.com/experten/martin-betschart